seth

BOTSCHAFTEN ÜBER DEN AUFSTIEG DER SEELE INS LICHT

MARK ALLEN FROST

seth

BOTSCHAFTEN ÜBER DEN
AUFSTIEG DER SEELE INS LICHT

Aus dem Englischen übersetzt von Jochen Lehner

Ansata

Die amerikanische Originalausgabe erschien 2006
unter dem Titel »The Next Chapter in the Evolution of the Soul«
im Verlag Seth Returns Publishing, San Rafael, USA.

Mix
Produktgruppe aus vorbildlich
bewirtschafteten Wäldern und
anderen kontrollierten Herkünften
Zert.-Nr. SGS-COC-1940
www.fsc.org
© 1996 Forest Stewardship Council

Verlagsgruppe Random House FSC-DEU-0100
Das für dieses Buch verwendete
FSC-zertifizierte Papier *Munken Premium Cream*
liefert Arctic Paper Munkedals AB, Schweden.

Ansata Verlag
Ansata ist ein Verlag der Verlagsgruppe Random House GmbH

ISBN 978-3-7787-7341-3

1. Auflage 2008
Copyright © 2006 by Mark Allen Frost
Copyright © 2008 der deutschsprachigen Ausgabe
by Ansata Verlag, München,
in der Verlagsgruppe Random House GmbH
Alle Rechte sind vorbehalten. Printed in Germany.
Einbandgestaltung: SWSP Design, München
Layout/Herstellung: Ursula Maenner
Gesetzt aus der Slimbach bei Leingärtner, Nabburg
Druck und Bindung: GGP Media GmbH, Pößneck

*Meiner Familie gewidmet, Carol, Allen, Joy,
Marianne, Paul, Margaret und Gracie.
Ohne eure Hilfe wäre all das hier nicht möglich.*

Inhalt

Vorwort

Mark

Das aus dem Griechischen stammende Wort »Dialog« bedeutet wörtlich »Wechsel-Rede« oder »Zwie-Gespräch« und wird heute noch in diesem Sinne verwendet. Der Wortteil *dia* kann jedoch auch »(hin)durch« bedeuten, dann wäre ein Dialog ein »Hindurchsprechen«. Alles in allem ist »Dialog« für mich eine sehr gute Beschreibung dessen, was ich als mediale Übermittlung von Botschaften oder Channeling kennengelernt habe. In den letzten drei Jahren meiner Zusammenarbeit mit Seth habe ich nach und nach gelernt, wie ich einfach aus dem Weg gehen und ihn »hindurchsprechen« lassen kann. Ich habe große Teile dessen, was Seth spricht, in Spiralbücher übertragen: eins für Buchdiktat, ein anderes für persönliche Mitteilungen, eins für Antworten auf Fragen von Angehörigen und Freunden und eins, dem ich den Titel »Dialoge« gegeben habe. Aus diesem letzteren, das kurze persönliche Sitzungen von manchmal nur zehn oder zwanzig Minuten Länge enthält, möchte ich Ihnen Proben vorlegen, mit denen ich die Hoffnung verbinde, dass auch Sie die Vitalität, die enge Tuchfühlung und die Klarheit spüren, mit der Seth mich beim Erarbeiten seines zweiten Buchs begleitete. Ich glaube außerdem, dass diese Dialoge Seths typisches nichtlineares Vorgehen bei der Zusammenstellung des Materials für dieses Buch sehr deutlich machen. Hier einer der frühen Dialoge:

Dialog – 6. April 2004

Mark: War es deine Idee, meine Tagebuchnotizen für das zweite Buch zu verwenden?

Seth: Könnte man so sagen. Wir gehören zu derselben Wesenheit. Ich bin deine Energiepersönlichkeit und du lernst, wie du mit mir kommunizieren kannst. Und da es in diesem zweiten Buch in erster Linie um die Aufnahme der Kommunikation mit der Energiepersönlichkeit geht, können deine Tagebuchnotizen als Beispiele für diesen Austausch dienen und unseren Lesern lebendig vor Augen führen, wie man da vorgeht.

Die Teile fügen sich jetzt zusammen, Mark, und du merkst schon, dass dieses Buch einen anderen»Tonus« haben wird als unser erstes. Du siehst die Entwicklung vom ersten zum zweiten Band und erkennst sogar schon, wie der dritte zustande kommen wird. Außerdem gibt uns dieses Verfahren Anlass, auch die humorvolle Seite dieser Sache zu zeigen. Es gibt auch Komisches zu erzählen, also tun wir es doch! Als Lichtwesen werden wir in diesem Buch leicht sein, vielleicht wirkt das bei unseren Lesern nicht nur erleuchtend, sondern auch erleichternd.

Also: Dein Impuls, deine Idee, stammt von einem simultanen Ich, zu dem ich auch gehöre. Irgendwie fiel bei dir der Entschluss, dich daran zu erinnern, darüber nachzudenken und nun diese Frage zu stellen. Jetzt leitest du dieser Idee Energie zu, und das heißt, du willst sie verwirklichen. Hier kannst du verfolgen, wie aus etwas Wahrscheinlichem Realität wird. Du setzt im Augenblick deinen freien Willen ein, um aus dem unerschöpflichen Vorrat wahrscheinlicher Realitäten die auszuwählen, die du manifestieren möchtest. Und

Alles-Was-Ist erzeugt diese Realität jetzt, indem es deine Intention gleichsam auskristallisieren lässt. Kannst du folgen?

Mark: Ja, Seth, danke.

Ich mache mir große Hoffnungen, dass Sie nach der Vorlage dieser persönlichen Botschaften ebenfalls lernen können, in einen Dialog mit Ihrer eigenen Energiepersönlichkeit zu kommen. Für mich war es ein wochenlanges Tappen im Dunklen, bis ich schließlich mit »etwas« in Kontakt kam. Es war spannend und durchaus auch unterhaltsam, die Verbindung zur Seth-Wesenheit zu suchen und dann auch zu finden. Ich empfinde es als das Wichtigste in meinem Leben. Ich staune immer noch voller Dankbarkeit über dieses unglaubliche Geschenk.

Ich möchte jetzt noch kurz nachtragen, was sich zwischen dem Erscheinen unseres ersten Buchs (*Seth: neue Botschaften über die Realität der Welt*) und der Arbeit an diesem zweiten ereignet hat. Cas Smith, die für den ersten Band eine so wesentliche Rolle spielte, hat das Team verlassen. Sie hat sich anderen Dingen zugewandt und wird keine Bücher mehr mit uns produzieren. Wir wünschen ihr den Erfolg und die Erfahrungen, die sie in ihren neuen Vorhaben sucht. Danke, Cas, für deinen Anteil an der Verbreitung des neuen Seth-Materials.

Dieses Buch bewegt sich, wie Ihnen beim Lesen auffallen wird, in Gegenden, für die es noch keine Landkarten gibt, und folglich wird es mehr Fragen aufwerfen, als es beantwortet. Deshalb empfehle ich Ihnen, an der Diskussion auf unserer Website www.sethreturns.com teilzunehmen oder Briefe zu schreiben oder auf irgendeine andere Art diese wachsende Gemeinschaft zu nutzen.

Zuletzt noch ein Wort an alle Leser, die sich in medizinischer Behandlung befinden oder noch in diese Lage kommen könnten: Keine der in diesem Buch gemachten Aussagen versteht sich als Ersatz für medizinische Diagnostik und Therapie.

Seth

Willkommen zu unseren Gesprächen!

In diesem Buch wird es überwiegend um zwei große Themenbereiche gehen: die Energiepersönlichkeit und die vierte Dimension, die wir auch Dimension des geeinten Bewusstseins nennen. Ich werde deshalb ohne große Mühe und ohne allzu viele Erklärungen vom einen Thema zum anderen wechseln können. Ich gehe nämlich davon aus, dass vieles, was hier angesprochen wird, euch bereits bekannt ist, zum Beispiel aus dem ersten Buch dieser neuen Serie; vielleicht habt ihr auch die Bücher gelesen, die ich mit meinem ersten menschlichen Sprachrohr verfasst habe, und wollt jetzt einfach mal sehen, was in diesen neuen Seth-Büchern steht.

Natürlich werden wir an schwierigen Stellen die notwendigen Erläuterungen geben, aber rechnet bitte damit, dass ich für Detailklärungen, die ich hier nicht mehr gebe, immer wieder auf die früheren Texte verweise, die noch im Buchhandel erhältlich oder über Bibliotheken zugänglich sind.

Es wird euch möglicherweise auffallen, dass wir in diesem zweiten Band der neuen Reihe andere Bezeichnungen verwenden als in der Vergangenheit. Der Grund ist darin zu sehen, dass dieser zweite Band insofern tatsächlich mit der Vergangenheit bricht, als die Seth-Wesenheit jetzt Klartext spricht. Der Seth, der hier spricht – und dabei handelt es sich um eine Gestalt von Zügen und Aspekten der Gesamtwesenheit namens Seth –, legt einige der Ausdrucksformen ab, die euch als Lesern früherer Werke vielleicht ans Herz gewachsen sind. Das liegt zum einen an der besonderen Persönlichkeit meines dritten menschlichen Sprechers, Mark, an die ich mich anpassen muss, damit der Austausch weitergehen oder überhaupt erst anfangen kann. Zum anderen möchte ich jedoch manches aussortieren, was in meinen früheren Gesprächen mit euch möglicherweise eher hinderlich war. Ich will das hier nicht im Einzelnen erläutern, sondern wünsche mir, dass die Leser meiner früheren Bücher selbst herausfinden, um was es da geht. So viel sei immerhin verraten: Wo ich früher vielleicht pedantisch war, geht es mir jetzt um Präzision. Wir haben keine Zeit mehr für »Schnörkel«, die ohne unmittelbare praktische Bedeutung für eure spirituelle Evolution sind.

Für die Neuen unter euch hoffe ich einfach, dass ich euer Interesse zumindest so lang halten kann, dass ihr die Experimente einmal ausprobiert. Als Menschen lernt ihr durch das, was ihr tut. Soweit ich sehen kann, ist das eine ganz verlässliche Regel in eurer physischen Realität.

Zuletzt möchte ich noch diejenigen unter euch begrüßen, die als Entsprechungen der Seth-Wesenheit in menschlicher Gestalt existieren. Viele von euch werden das, was hier zu lesen ist, wiedererkennen. Bei manchen Ideen werdet ihr sogar den Eindruck haben, erst in jüngster Zeit auf sie gekommen zu sein. Es könnte sich um Ideen handeln, die eurem Bewusstsein im Laufe der letzten Jahre zugänglich gemacht worden sind, damit ihr erkennt, dass ihr zu diesem Kollektiv gehört, und damit ihr die neue Botschaft leichter auffinden könnt.

Und natürlich wünsche ich mir sehr, dass *ihr alle*, die ihr dieses Buch zur Hand nehmt, euch für seine Aussagen er reichbar macht und sie ernsthaft bedenkt. Außer Zorn und Angst habt ihr dabei nichts zu verlieren, und zu gewinnen gibt es liebevolles Verständnis und Mut.

Der Rahmen

Dies ist mein zweites Buch, seit ich wieder durch meine menschlichen Pendants zu euch spreche. Es wird hier wieder um euren Platz in der nichtstofflichen Wirklichkeit gehen. Man könnte auch sagen: Es wird wie im ersten Buch um die Evolution der menschlichen Seele gehen, aber wir werden es diesmal noch wesentlich weiter zuspitzen. Um euch anschauliche Beispiele für das hier Angesprochene geben zu können, werde ich außerdem manches ins Gespräch bringen, was meinem lieben Freund Mark so in seinem persönlichen Leben begegnet.

Und wie es bei meinen ersten beiden Sprecherinnen war, so gilt auch hier, dass Mark und ich gewisse Grundregeln einhalten müssen, um die Verbindung offen zu halten. So hat er zum Beispiel die Freiheit, mich in sein Bewusstsein zu »rufen«, und ich kann dann alles für unsere Kommunikation in die Wege leiten. Er erklärt sich also ausdrücklich mit meiner Wortmeldung einverstanden. Wenn wir eine Sitzung abgeschlossen haben, trenne ich einfach die Verbindung; es kann auch sein, dass Mark eingangs ein Zeitlimit setzt und mich am Ende der vereinbarten Zeit daran erinnert, woraufhin ich mich verabschiede und zurückziehe. Ich empfinde diese Gegenseitigkeit in unserem Umgang eindeutig als Fortschritt.

Was jeweils mitzuteilen ist, gelangt von der Seth-Wesenheit unmittelbar in Marks Bewusstsein und von dort aus in seinen Computer oder auf die handgeschriebene Seite oder wird stimmlich an die anwesenden Leute weitergegeben und parallel aufgezeichnet. Hier besteht, wie ihr euch denken könnt, viel weniger Interpretationsspielraum, die Fehlerquellen sind geringer, als wenn noch ein weiteres menschliches Bewusstsein involviert ist. Ich glaube, wir haben hier einen vielversprechenden Modus gefunden, auch für künftige Bücher.

Erwähnen möchte ich auch noch, dass sich diese neuen Bücher wirklich an alle wenden. Das heißt, ich habe die Inhalte und die Darstellungsweise nicht speziell auf die Leser des alten Seth-Materials zugeschnitten. Das gibt manchen dieser Leser offenbar Anlass, sich als »Kenner« des Materials zu präsentieren und über die neuen Bücher herzuziehen. Ich muss Mark immer wieder einschärfen, mit diesen eingeschworenen Seth-Fans geduldig und liebevoll umzugehen. Wirklich, jeder ist willkommen in dem neuen Netzwerk, das wir mit meinen früheren Lesern und mit Angehörigen der Seth-Wesenheit knüpfen. Was ihr hier erfahrt, wird von entscheidender Bedeutung für den nächsten Schritt in der Evolution der Menschheit sein. Ich wünsche jedem Einzelnen von euch alles Gute bei diesem Unterfangen.

Was von diesem Buch zu erwarten ist

Ihr steht heute vor einem Schritt, in dem unzählige Jahre eurer Bewusstseinsevolution ihren Höhepunkt finden. Es geht um den Übergang in die vierte Dimension, der jetzt stattfinden wird. Das kollektive Bewusstsein hat eine hohe Wahrscheinlichkeit dafür geschaffen, dass Ihr die Fesseln des Ego abstreifen könnt und euer Seelen-Ich endlich durchscheint. In der Ausdrucksweise eurer religiösen Texte würde man vielleicht sagen können, dass die Bewohner der Erde vor ihrer Erleuchtung stehen, dass sie ins Licht eines höheren Bewusstseins treten. Aber Metaphern können nur sehr unzureichend wiedergeben, was jetzt tatsächlich bevorsteht. Gebraucht die Ausdrücke, die euch etwas sagen, und wenn ich in meiner Darstellung der Dinge keinerlei religiöse Terminologie verwende, so ist das nicht als Stellungnahme gegen irgendeinen spirituellen Weg oder irgendeine Religion zu verstehen. Jedenfalls steht euch allen, meinen lieben Lesern, eine Transformation bevor, die euch grundlegend verändern wird. Sie wird euch sogar bis in die Grundelemente hinein verwandeln, aus denen ihr gemacht seid.

In diesem Buch findet ihr Techniken und Experimente, deren ihr euch bedienen könnt, um Kontakt zu eurer Energiepersönlichkeit aufzunehmen und mit der vierten Dimension vertraut zu werden. Unsere Grundaussage hier und in weiteren Büchern ist sehr simpel: Ihr erwacht in diesem Leben zu eurem größeren Ich. Was ihr hier an Vorschlägen und Anregungen findet, soll euch Lernanstöße für die Evolution eurer Seele geben. Eben jetzt, während du diese Worte liest und spürst, dass sie etwas in dir ansprechen, brichst du vielleicht zu deiner ganz eigenen Reise auf. Hör auf das Echo, das aus deinem Innern zurückkommt. Fühl das liebevolle Angenommensein, das dir auf deinem Weg sicher ist. Du bist nicht allein. Du bist nie allein gewesen. Viele, die wie ich sind, haben dich durch die Äonen begleitet und geleitet. Du bist uns willkommen, genau so, wie du auf dem jetzigen Stand der Entwicklung deiner Seele bist.

Die Experimente in diesem Buch sind darauf angelegt, dich schon ein wenig mit der Dimension des geeinten Bewusstseins vertraut zu machen, damit du nicht die Orientierung verlierst, wenn der Umschwung einsetzt. Wie die Experimente durchzuführen sind, haben wir so einfach wie möglich darzustellen versucht. Jeder, der sich in einer positiven Haltung einigermaßen kontinuierlich damit beschäftigt, sollte den Nutzeffekt deutlich spüren können. Wir geben außerdem Anleitung für ein Ritual, mit dem sich jeder von euch einen geschützten Freiraum schaffen kann, damit es eine sichere Reise in diesen unbekannten Gewässern und schließlich eine sichere Rückkehr in die dritte Dimension wird.

1   Du als Seele

Dialog – 21. März 2004

Seth, ich hätte jetzt Zeit für ungefähr eine halbe Stunde Buchdiktat. Bist du bereit?

Ich bin da. Wir erzeugen jetzt eine mentale Überlagerung, wie du vorgeschlagen hast. Gib mir einen Augenblick …

Wir schlagen das nächste Kapitel in der Evolution der Seele auf – diesen Ausdruck mag ich sehr, wie du weißt. Die Dinge der Seele erfahren in eurer heutigen Welt nicht gerade viel Aufmerksamkeit. In der Religion schon, da habt ihr immerhin eine wenn auch einseitige Diskussion über die »historische« Seele, wie wir sie mangels besserer Ausdrücke nennen könnten. Ich erkühne mich aber zu behaupten, dass die wahre Seele noch weitgehend unentdeckt ist. Wir werden in unserem Buch Wissenschaftler sein und die Seele erforschen und die Ergebnisse gemeinsam unseren Lesern vermitteln. Wir werden experimentieren, und das gehört ja zum Kernbestand wissenschaftlicher Forschung. Wir werden untersuchen, wie Gedanken, Verhaltensweisen und erschaffene Realitäten zusammenhängen. Wir werden so eingehend und präzise nach innen blicken, dass wir noch die kleinsten Einheiten erkennen, aus denen eure Wirklichkeit zusammengesetzt ist. In früheren Werken habe ich diese winzigen »Bausteine« als Bewusstseins-Einheiten bezeichnet. Ich denke, ich werde diesen Namen auch hier beibehalten. Aber wir werden weiter gehen als je zuvor, um [schmunzelnd] ein, zwei Dinge über Kommunikationen wie diese klarzustellen.

Unsere Kritik durch Leute »vom Fach« werden wir von denen erhalten, die wirklich wissen und selbst sehen wollen, worin die grundlegenden Organisationsprinzipien ihrer selbst erschaffenen Wirklichkeit bestehen – und das kann jeder sein, sei er Wissenschaftler, Künstler oder einfacher Arbeiter. Wenn es dir recht ist, fange ich jetzt an. Sehen wir zu, wie sich die Worte aneinanderreihen …

Die stoffliche Welt

Es hat schon immer eine stoffliche oder physische Welt gegeben, die Welt eurer Wahrnehmungen. Das Universum *ist*, und es ist schon *immer*, Punkt. Wozu dann über wissenschaftliche Theorien vom Beginn oder möglichen Ende des Universums sprechen? Eure Wissenschaftler sind so auf diesen Gedanken fixiert, sie würden mit ihren Wahrnehmungen und deren Benennung und Beschreibung echtes Wissen erwerben. Aber eine Wissenschaft, die einzig das mit den körperlichen Sinnen Erfahrbare als Realität gelten lässt, wird sich ihr Universum *zwangsläufig* er-sinnen. In Wahrheit ist diese stofflich denkende Wissenschaft dadurch gerade *beschränkt* – durch diese Festlegung auf die körperlichen Sinne und ein entsprechend krudes Instrumentarium, mit dem sie das Universum oder irgendetwas an seinem angeblichen Anfang oder seinem Ende oder irgendwo dazwischen abhorcht.

Was bringt es euch, die Zahl der Sterne am Himmel zu kennen und zu wissen, wie heiß sie sind? Was habt ihr davon, wenn ihr von einer Vorstellung von »Stern« ausgeht, die im Ansatz schief ist? Ein Stern ist eher eine gewaltige Idee als ein glühender Himmelskörper. Und was ist der Himmel über der Erde? Moleküle von Sauerstoff und anderen Gasen, die irgendwie zusammen eure Atmosphäre bilden? Sind das sinnvolle Fragen?

Die Wahrheit über eure Welt lautet, dass nichts so ist, wie es euch erscheint, zumindest wie es euch als materielle Wirklichkeit erscheint. Eure Wirklichkeitswahrnehmung ist einfach nur das: persönliche Wahrnehmung, letztlich eure eigene Kreation. Es ist eure Innenwelt, die außen als dieses ganze ungeheure Panorama Gestalt annimmt.

Ich will dich nicht erschrecken, lieber Leser, aber deine Welt besitzt weitaus mehr Tiefe und Bedeutung, als sich wissenschaftlich erfassen und erklären ließe. Deine Welt – die Luft vor deinen Augen, der Boden unter deinen Füßen und alles, was du an Lebendigem oder Unbelebtem wahrnimmst – besteht in Wirklichkeit aus Geist und ist beseelt. Insofern bist du samt allem ringsum buchstäblich »Gott-Stoff«, nämlich Stoff gewordener Geist, das heißt Alles-Was-Ist in seiner »Tarnung«, die aus der unendlichen Vielfalt aller Dinge besteht.

Bewusstseins-Wissenschaft

Wir werden uns den Themen dieses Buchs als Wissenschaftler des Bewusstseins annähern. Und genau diese beiden Begriffe werden wir auch neu definieren, denn eure derzeitigen Definitionen sind für den Gebrauch in unserem Zusammenhang nicht geeignet. Ihr geht mit diesen Begriffen ganz selbstverständlich um, ihr gebraucht sie häufig in euren Gesprächen. Jeden Tag erfahrt ihr von neuen »wissenschaftlichen«

Ergebnissen, die eure Welt davon in Kenntnis setzen, dass etwas bisher für zuträglich Gehaltenes jetzt als schädlich erkannt wurde oder umgekehrt und so weiter und so weiter. Das liegt einfach in der Natur der Naturwissenschaft, dazu ist sie da: immer wieder neue Forschungsergebnisse vorlegen, die früheren widersprechen. Aber wenn ihr so verfolgt, wie eure Naturwissenschaft sich selbst um- und umkrempelt, kommt euch da nicht manchmal der Verdacht, dass niemand so recht weiß, wovon eigentlich die Rede ist? Ich werde darauf später im Zusammenhang mit dem Thema »Kontrolle und Unterwerfung« noch näher zu sprechen kommen.

Als Bewusstseinsforscher könnt ihr jedenfalls direkt zum Kern der Sache vordringen und euch vermittels eurer *inneren Sinne* ein Bild von der tatsächlichen Realität eurer Welt machen. An Instrumenten braucht ihr dazu wirklich nur eure inneren Sinne, das, was wir hier auch *Intuition* nennen. Teleskope, Mikroskope und alles, was der elektronische Werkzeugkasten bietet, helfen euch hier nicht weiter. Es handelt sich bei all diesen Dingen ja lediglich um Fortsetzungen oder Verstärker eurer physischen Sinnesorgane, die nur das erfassen können, was bereits eine Stufe »unterhalb« des Ursprungs angesiedelt ist. Wir wollen hier aber direkt diesen Ursprung aufsuchen und bedienen uns dabei der *unverstellten* inneren Sinne des Menschen.

Eine Definition für »Bewusstseinsforscher« könnte also lauten: »Jemand, der mithilfe seiner inneren Sinne stoffliche und nichtstoffliche Phänomene wahrnimmt und erkundet, um göttliches Wissen zu finden.« Ich glaube, diese Formulierung wird uns hier gute Dienste tun. Mir ist auch völlig klar, dass »echte« Wissenschaftler an solch einer Definition Anstoß nehmen werden. Das kann nicht schaden. Leise Beunruhigung und wachsende Verärgerung gehen in meinem

System der echten Erkenntnis voraus: Das Ego wird stillgelegt, und die Seele bekommt Gelegenheit, bis in den Vordergrund zu leuchten. So also sieht die Seth-Lehre über das Wesen wahrer Wissenschaft aus.

Ich bin also wieder da, liebe Leser, um euch an diese wichtigen Fakten, an diese Klarstellungen zu erinnern. Vielleicht wacht ihr auf und macht euch eure Lage einmal wirklich klar. In welcher Lage ihr seid, habe ich im ersten Band dieser Reihe dargestellt; jeder kann es dort nachlesen. Diesmal jedoch soll es uns in erster Linie um das Experimentieren gehen, um die Frage, welche Mittel euch in eurer jetzigen Lage am besten weiterhelfen.

Unsere Vorgehensweise

Für unsere Erkundung der dreidimensionalen Welt werden wir uns ein paar anerkannte wissenschaftliche Verfahren ausleihen und für unsere Zwecke abwandeln. Wir werden Experimente anstellen, aber es werden Experimente einer etwas anderen Art sein. Unser Gegenstand ist dabei eure stoffliche Welt, wie sie mit den inneren Sinnen und den körperlichen Sinnen wahrgenommen wird, und zwar vor dem Hintergrund der Frage, was ihr für möglich haltet und was nicht.

Letztlich geht es dabei um den individuellen Lernprozess eines jeden von euch: um das bestimmte Leben mit seinen ganz bestimmten Erfahrungen, in das ihr in dieser Zeit hineingeboren worden seid, um daraus zu lernen und um die Gesamterfahrung von Allem-Was-Ist zu erweitern. Die Experimente werden mit anderen Worten Licht auf die Bedeutung eures gegenwärtigen Lebens werfen. Weshalb bin ich gerade in dieser Zeit auf der Erde? Welches Gewicht, welche Bedeutung hat mein Tun in diesem Leben? Es geht demnach um Fragen der Seelen-Evolution, und die Antworten werden sich vielleicht als Mitteilungen eures höheren Ich einstellen.

Das führt uns zu einer ganz wichtigen Sache: Bei eurer Lektüre und euren Experimenten wäre es gut, wenn ihr alle Ergebnisse genauestens dokumentieren würdet. Das kann bedeuten, dass ihr handschriftliche Notizen macht oder es in euren Computer schreibt oder Tonaufzeichnungen macht. Wichtig ist allein, dass ihr gleich im Anschluss an eure Forschungen alles festhaltet. Wenn ihr Neues zu euren Seelen-Themen findet, zu der Frage, welche Bedeutung das Leben für euch persönlich hat, wird euch vielleicht auffallen, dass sich eure Anschauungen über die Natur eurer persönlichen Wirklichkeit ändern. Und wie jeder Wissenschaftler seine Hypothesen abwandelt, wenn er auf Fakten stößt, die das eindeutig fordern, so müsst auch ihr als Bewusstseinsforscher eure Überzeugungen und Vorstellungen, das heißt euer Realitätsverständnis nachbessern, wenn aus euren Experimenten neue – höhere – Einsichten hervorgehen. Ich will damit sagen, dass ihr auf einem Pfad der Erleuchtung seid und euch auf eine geordnete und disziplinierte Art eurem Erwachen annähert.

Dialog – 4. Mai 2004

Ich hatte da eben so ein intuitives Aufblitzen, ein Hologramm, das zeigte, dass wir nicht nur Mitschöpfer von Allem-Was-Ist sind, sondern zusammen mit allen anderen Menschen, allen

Lebensformen und sogar allem Unbelebten unsere Realität erschaffen. Kannst du das weiter ausführen.

Ja, das war ein kleiner Einblick, den ich dir geschickt habe. Alles-Was-Ist ist die primäre Energiequelle für alles in eurer Wirklichkeit. Jedes einzelne Atom in eurem Wirklichkeitsfeld und jedem Wirklichkeitsfeld wird davon angetrieben. Wenn ich sage, dass ihr zusammen mit Allem-Was-Ist die Schöpfer eurer Wirklichkeit seid, dann meine ich damit eine Zusammenarbeit zwischen Menschen und Allem-Was-Ist, in der telepathische Kommunikation stattfindet und ihr zusammen mit Allem-Was-Ist eure Welt hervorbringt, die ihr dann allerdings linear wahrnehmt. Ist das verständlich?

Ja, durchaus.

In diesen letzten Satz gehört noch »mit euren körperlichen Sinnen« hinein. Eure physische Wirklichkeit scheint ja tatsächlich Substanz zu besitzen. Nimm hinzu, dass in eurer Welt alles Bewusstsein hat – Steine, Erde, Luft, Atome –, dann wird dir einleuchten, dass alles an diesem Gesamtbewusstsein und folglich an diesem Schöpfungsprozess beteiligt ist. Damit wird auch klar, wie lächerlich es ist, irgendetwas in deiner Umgebung als »unter« dir stehend anzusehen, als etwas, das keinen Anspruch auf Respekt hat – nur weil ihr es als »unbelebt« abgestempelt habt und damit für »nicht bewusst« und »nicht empfindungsfähig« haltet. Den Gedanken werden wir im Buch noch weiter entwickeln. Es geht für euch alle um mehr Wertschätzung für euer Dasein auf diesem schönen Planeten.

Das Licht

Wenn ich in diesen neuen Büchern immer wieder davon spreche, die Menschen »in Richtung Licht zu leiten«, wird sich mancher fragen, was eigentlich mit »Licht« gemeint ist. Für alle, die vielleicht gerade erst auf diese Botschaften gestoßen sind, möchte ich auf diese Frage noch einmal kurz eingehen.

Wenn Menschen in diese dreidimensionale Wirklichkeit hineingeboren werden, wird ihnen ein Großteil ihrer Erinnerungen unzugänglich. Das muss nicht in jedem Fall so sein, manche Kinder erinnern sich nach der Geburt noch; aber in den meisten Fällen werden die Erinnerungen an die Zeit zwischen den Leben, also an die Zeit in der Heimatdimension, außer Kraft gesetzt.

In eurer Heimatdimension seid ihr von einer Woge bedingungsloser Liebe getragen, die der Energiequelle der gesamten Schöpfung entströmt. Wenn die Reise in die Verkörperung beginnt, wird die Erinnerung an diese Geborgenheit in der Liebe gelöscht. Ihr nehmt einen Körper an, um neue Erfahrungen zu machen, und wenn ihr euch dann noch an die vollkommene liebende Geborgenheit eurer Heimatdimension erinnern würdet, könntet ihr versucht sein, euer Erdendasein zu verkürzen, und würdet dann nicht zu dem kommen, was ihr eigentlich erfahren und lernen wolltet.

»Licht« ist dann in unserem Zusammenhang einerseits das göttliche Licht des höheren Bewusstseins, ein Wissen um die ganze Liebe und Geborgenheit, die ihr in vollem Ausmaß erfahrt, wenn ihr nicht verkörpert seid. Und »Licht« ist außerdem Information oder Wissen. Die Menschheit wird »wissender«, was eure spirituelle oder göttliche Vergangenheit, Gegenwart und Zukunft angeht. Höheres Wissen wird über Drüsen in eurem Kopf in euren ätherischen Körper geleitet. So wachst ihr in das hinein, was ihr eigentlich seid – Götter.

Nun, dies könnte manchen der Leser meiner früheren Bücher zu weit gehen, so etwas können sie nicht mehr ernst nehmen. Vielleicht fragt ihr euch: »Wo ist der Seth, der so klar zum Verstand sprach und mit diesen spirituellen Sachen gar nicht erst anfing?« Darauf antworte ich, dass ich, Seth, über diese Seiten in diesem Buch zu euch spreche; und dass ich, Seth, euer Freund von damals, auf der subtilen Ebene wieder Kontakt zu euch aufnehme, um euch die Dringlichkeit aufzuzeigen, die durch eure gegenwärtige seelische Verfassung gegeben ist. Ich hoffe einfach, dass ihr gut vorbereitet in die anstehende Transformation des menschlichen Bewusstseins eintreten könnt, diesen großen Wandel, der nicht nur hier, sondern in vielen anderen Quellen in eurem Land und weltweit angekündigt wird.

Die Energiepersönlichkeits-Essenz kann vielerlei sein. Unter anderem kann sie mühelos die intellektuelle und die spirituelle Sicht der Dinge miteinander verbinden. In dieser Gemeinschaftsarbeit mit meinem dritten Sprecher hoffe ich euch dies so vor Augen führen zu können, dass ihr meinen Aussagen aufgeschlossen begegnet. Ein Schullehrer vermittelt die Lerninhalte mal mit dieser, mal mit jener Betonung, je nachdem, was er bei den Schülern erreichen möchte, und so möchte ich, Seth, euch meine Botschaft aus einer etwas anderen Perspektive und mit einem etwas anderen Schwerpunkt vermitteln als früher.

Aber auch das hier ist göttliche Information, die ihr von einem Lichtwesen erhaltet. Wenn ihr mit Wörtern wie »göttlich« oder »spirituell« Schwierigkeiten habt, darf ich euch sagen, dass es meinem Freund Mark ähnlich geht. Aber auch wenn ich Worte verwende, die ihm nicht recht behagen, arbeitet er trotzdem mit mir zusammen, weil er das Gefühl hat, dass meine Aussagen nicht ganz aus der Luft gegriffen sind. Ich kann euch versichern, dass er nach und nach versteht, von welch großer Bedeutung diese scheinbar so überfrachteten Begriffe sind. Seine Wahrnehmung ändert sich und mit ihr seine Haltung. Er gewinnt Zutrauen, er akzeptiert immer mehr und immer liebevoller. Schließ dich ihm an, lieber Leser, um herauszufinden, was »göttlich« und »spirituell, was »Liebe« und »Zuversicht« *wirklich* bedeuten.

Wahrscheinlichkeiten

Ich möchte jetzt kurz auf das Thema »Wahrscheinlichkeiten« eingehen und sowohl das früher schon Gesagte zusammenfassen als auch ein paar neue Gedanken anfügen, die das vorliegende Buch hoffentlich ein wenig klarer machen. Die Leser meiner früheren Bücher werden wissen, dass in meinen Darstellungen schon immer sehr viel von Wahrscheinlichkeiten die Rede war. Und das ist ein sehr wichtiger Begriff, wenn wir über »Manifestation« oder »Erschaffung der eigenen Wirklichkeit« sprechen.

Zur Auffrischung: In eurer Dreidimensionalität erzeugt euer Bewusstsein zusammen mit Allem-Was-Ist Wahrscheinlichkeiten jeder erdenklichen Art, aus denen ihr diejenigen auswählt, die eure persönliche Realität werden sollen, das also, was wir jetzt »persönliches Wirklichkeitsfeld« nennen. Ihr erlebt diese ausgewählten Wahrscheinlichkeiten dann als manifeste physische Realität. Aber auch die nicht ausgewählten Wahrscheinlichkeiten folgen weiter ihrer Entwicklungsbahn. Jede hat mit anderen Worten ihre ganz eigene Evolution, sie wachsen und entfalten sich weiter, wie auch euer tatsächliches Leben seinen ganz eigenen Verlauf nimmt und eine Erfahrung zur nächsten führt und immer so weiter. Ich stelle das sehr vereinfacht dar, weil es hier nur aufs Prinzip ankommt. Wer die Einzelheiten dieser Abläufe kennenlernen möchte, sei auf meine früheren Bücher verwiesen.

Für unser derzeitiges Vorhaben – den Zugang zur Energiepersönlichkeit schaffen, die Kommunikation mit ihr ausbauen, um dann unter ihrer Anleitung die Erkundungsreise in die vierte Dimension zu unternehmen – möchte ich den Gedanken der Wahrscheinlichkeit noch ein wenig ausbauen, werde mich aber auch hier kurz fassen. Für Millionen von Menschen, insbesondere im Westen, ist die Wahrscheinlichkeit, Kontakt zu ihrem »Geist-Führer«, das heißt zu ihrer Energiepersönlichkeit zu bekommen, gegenwärtig sehr groß. Viele von euch stehen unmittelbar vor dem größten Lernschritt, den ihr euch in dieser Zeit für euer Erdendasein vorgenommen habt. Die Wahrscheinlichkeit wird jedoch so lange latent bleiben, bis ihr entsprechende Schritte tut. Deshalb geht es in diesem Buch um ein paar Anhaltspunkte, nach denen ihr euch die Wahrscheinlichkeiten für euer individuelles »Erleuchtungs-Szenario« deutlich vor Augen führen könnt.

Zeit

Ebenfalls in diesem Zusammenhang – und wieder [schmunzelnd] vor dem Hintergrund dieser unendlichen Geschichte – möchte ich noch über Zeit sprechen, diesen Begriff, der für euch in eurer physischen Wirklichkeit so wichtig, aber für Lichtwesen völlig bedeutungslos ist. Menschen machen so viel Aufhebens um das, was ihr als Zeit versteht. Ihr findet es völlig vernünftig, wenn einer zum anderen sagt: »Ich finde nie die Zeit für alles, was ich zu tun habe«, und da ihr die Zeit so ernst nehmt, fällt euch kaum je die Komik solcher Aussagen auf. So will ich denn die Wahrheit über die Zeit noch einmal aussprechen: Es gibt keine Zeit, nur den gegenwärtigen Augenblick oder, wenn ihr so wollt, Zeit-Punkt. Alles andere – die gefühlsbeladenen Erinnerungen an Vergangenes und die frohe oder bange Erwartung von Künftigem – entspringt eurer Fantasie. Vergangenheit und Zukunft sind buchstäblich Erfindungen, mit denen ihr eure Erfahrungen so zu »formatieren« versucht, dass eure dreidimensionalen körperlichen Sinne etwas damit anfangen können.

Diese Wahrheit über die Zeit ist für euch von hohem Gebrauchswert. Wenn ihr wisst und auch *akzeptieren* könnt, dass es keine Zeit außer dem Jetzt-Augenblick – eurem Punkt der Kraft – gibt, befreit ihr euch leichter von Schuldgefühlen und anderen unguten Regungen im Bezug auf Dinge aus eurer angeblichen Vergangenheit und könnt euch von unnötiger Angst vor noch zu erwartenden »künftigen« Dingen lösen. In eurem gegenwärtigen Zeitrahmen, während ihr dieses Buch lest, habt ihr wirklich nichts als *diesen* Augenblick der Wahrheit. Und von diesem Punkt der Kraft aus erschafft ihr nicht nur eure Zukunft, sondern auch eure Vergangenheit. Ich werde euch, meine Schüler, im weiteren Verlauf dann und wann auffordern, euch auf diese für unsere Sondierungen und Experimente so entscheidende Tatsache zu besinnen.

Bewusstseinseinheiten

Um unser begriffliches Instrumentarium auf den neuesten Stand zu bringen, möchte ich jetzt über die Bewusstseinseinheiten sprechen. Es ist viel über diesen Begriff gesagt worden, seit ich ihn vor vielen Jahren durch meine erste Sprecherin verbreitet habe. Es freut mich – und schmeichelt mir –, dass viele diesen Gedanken ernst genommen und auszuloten versucht haben. Für unseren derzeitigen Zusammenhang werde ich den Gedankengang jedoch nur kurz rekapitulieren und verweise alle, die Genaueres wissen möchten, auf meine früheren Bücher oder andere Quellen, zum Beispiel im Internet.

Eben jetzt, während dieses Diktat aufgenommen wird, lasse ich Mark ein Hologramm zukommen, dem er ahnend oder spürend die Vieldimensionalität der Bewusstseinseinheit entnehmen kann. [Ich »sah« das Hologramm wirklich. Es war kaum eine Sekunde präsent und löste eine Weitung meines Bewusstseins aus, sofort gefolgt von einer Minderung der scharfen Fokussierung. Ich hatte das Gefühl, dass mir die Bedeutung von »Mikrokosmos« und »Makrokosmos« verdeutlicht wurden.]

Einfach ausgedrückt ist die Bewusstseinheit ein Modell – ein Seth-Modell – für Realitätserzeugung auf der ganz elementaren Ebene. Wir können diese Einheiten als mit Bewusstsein ausgestattete und der Kontrolle durch das menschliche Denken unterliegende Energie verstehen. Es sind die Grundeinheiten der Schöpfung, von der wir hier reden, und ihre Funktion lässt sich in wenigen Worten zusammenfassen: Ihr erschafft eure Realität aus mit Bewusstsein ausgestatteten Energieeinheiten – eben Bewusstseinseinheiten –, und zwar aufgrund von Intentionen, hinter denen als Motor eure Emotionen stehen. Auch hier gilt, dass ihr das in anderen Quellen sehr detailliert dargestellt finden könnt, aber es lässt sich letztlich auf diesen simplen Nenner bringen.

Ganz am Grund, und da müsst ihr bei unseren bevorstehenden Forschungen sein, ist die Bewusstseinseinheit eigentlich die »Speerspitze« der Realitätsgestaltung. An diesem vordersten Punkt muss eure Intention sein, wenn ihr mit dem bewussten Erschaffen anfangen wollt. Bewusste gemeinsame Schöpfung mit Allem-Was-Ist, darum geht es in unserem Forschungsvorhaben. Wer sich wünscht, das noch tiefer erfassen zu können, der möge diese Zeilen noch einmal lesen, wenn er in einer entspannten Verfassung ist. Es kann gut sein, dass ihr dann eine Ahnung von der tieferen Bedeutung bekommt.

Das gedruckte Wort kann viel mehr enthalten, als man beim ersten Lesen erfasst. Dieses Buch lässt sich wie andere spirituelle Texte auf immer tieferen Ebenen verstehen, dem jeweiligen Stand eurer Seelen-Evolution entsprechend. Worte besitzen Kraft. Sogar das gedruckte Wort kann bewirken, dass sich der Leser auf die spirituelle Seite der Dinge besinnt und für andere Dimensionen empfänglich wird. Das war schon immer so. Dieses Buch ist einfach ein modernes Beispiel für dieses Vermögen der Worte, im Leser das Erwachen des Geistes anzubahnen. Aber wir gehen hier nicht den Weg des Intellekts; auf diesem Weg würdet ihr nicht zu eurem Erwachen finden. Ihr könnt euer ganzes Leben und viele weitere Leben damit zubringen, intellektuelle Gebilde um das herum zu spinnen, was für euch jetzt auf dem Programm steht. Andererseits könnt ihr in einem Augenblick, in einem Sekundenbruchteil erfassen, welche Bedeutung diese Worte jetzt und hier für euch haben. Und darauf hoffe ich, wenn ihr dieses Buch lest.

Das persönliche Wirklichkeitsfeld

Du bist also im Raum der Wahrscheinlichkeiten der Schöpfer deines persönlichen Wirklichkeitsfeldes. Zum Beispiel: Während du das hier liest, erschaffst du deinen Körper mitsamt den Augen und dem Gehirn, die dieses greifbar vorhandene Buch lesen – das du ebenfalls jetzt gerade erschaffst. *Alles wird im gegenwärtigen Augenblick von dir erschaffen, lieber Leser.* Ihr alle seid vom Augenblick eurer Geburt an Künstler, die sich ihre jeweils eigene, ganz persönliche Wirklichkeit erschaffen. Und diese Schöpfung ist in eurem Bewusstsein ein linearer Ablauf. Ihr erzeugt, wie wir weiter oben gesagt haben, eine Vergangenheit und Zukunft, die zu dem passen, was ihr als eure Gegenwart erlebt. Ihr seid Künstler, aber zurzeit größtenteils »naive Künstler«, weil ihr eure Kunstwerke – eure physische Wirklichkeit mit allem Drum und Dran – ziemlich planlos kreiert. Und dann nehmt ihr diese unbewusst kreierte Realität als etwas von euch Gesondertes wahr. Ihr fühlt euch eurer Umwelt ausgeliefert. Euer Gedächtnisverlust, von dem ebenfalls schon die Rede war, trägt dazu bei, dass ihr eure eigenen Schöpfungen als von euch getrennt wahrnehmt.

Viele von euch werden jedoch inzwischen mehr und mehr auf die wahre Natur eurer Realität aufmerksam. Eure persönlichen Überzeugungen und die kollektiven Überzeugungen der Gesellschaft werden euch fragwürdig. Ihr taucht aus dem Vergessen auf und erkennt die Illusion der Trennung als das, was sie ist, als reine Einbildung, die euch nicht mehr dient. Mit wachsender Bewusstheit und häufigeren Einblicken in das, was ihr wirklich seid, werden sich viele der Herausforderung stellen, aufrichtiger und verantwortungsvoller zu leben. In dem Wissen, dass ihr weder von eurer (selbst hergestellten) Umgebung noch von anderen Menschen (denn ihr seid alle eins) getrennt seid, werdet ihr Dinge in Gang setzen, die wirklich etwas ausrichten, anstatt euch weiter mit Belanglosigkeiten und der Befriedigung von Ego-Bedürfnissen herumzuschlagen.

Der Radius des persönlichen Wirklichkeitsfeldes

Mit dem persönlichen Wirklichkeitsfeld meine ich einfach den Bereich in eurem physischen Umfeld, auf den euer Bewusstsein den meisten Einfluss hat. Dieser Bereich hat für Menschen einen Radius von knapp siebzehn Metern. Und das ist nicht neu, denn dieses Maß ist euch in jüngster Zeit immer wieder von Lichtwesen genannt worden, ihr findet es in Büchern und sogar im Internet. Behaltet diese Zahl – siebzehn Meter – einfach im Gedächtnis, wenn ihr mit der *bewussten* Erschaffung eurer physischen Welt experimentiert. In diesem Wirkungskreis ist euer Einfluss am größten. Jenseits dieser siebzehn Meter gehen die Verfügungsgewalt über die Energie der Manifestation sowie die Verantwortung mehr und mehr auf andere Lebensformen über. Dieses Wissen um die Grenze eures Manifestationsbereichs soll euch überall begleiten. Wenn ihr zum Beispiel mit eurem Wagen unterwegs seid, habt ihr die volle Verfügung über das, was ihr erschafft, nur innerhalb dieses Radius, bei dem auch schon der Wagen und euer Körper mitzählen. Ihr erschafft eure körperliche Gestalt, euren Wagen und alles andere innerhalb dieses Radius.

Vom Manifestieren eurer Wirklichkeit wird noch viel die Rede sein, deshalb möchte ich dieses Thema jetzt nicht wei-

ter vertiefen. Menschen haben einfach dieses Wirklichkeitsfeld mit einem Radius von knapp siebzehn Metern, und bei
Tieren und Insekten, sogar bei Steinen und Bäumen besitzt
der Radius jeweils ein anderes Maß. Erinnert euch jetzt bitte, dass alles, was euch in eurer dreidimensionalen Welt begegnet, Bewusstsein hat – die Materie, aus denen eure Augen
bestehen, ebenso wie die Materie, die den Boden unter euren
Füßen bildet. Lass das einen Augenblick auf euch wirken.
Ich denke, ihr werdet dann aufnehmen können, was ich
euch gerade vermitteln möchte.

Die durch den genannten Radius gesetzte Grenze betrifft
natürlich vor allem eure körperlichen Sinne. Wie ich in
früheren Büchern erläutert habe, gibt es für die nichtkörperlichen oder inneren Sinne (auf die wir noch näher eingehen
werden) keine solche Grenze, das heißt, ihr könnt mit ihnen
auch über die Siebzehn-Meter-Grenze hinaus, sogar über
große Entfernungen und in andere Dimensionen hinein Kontakte aufnehmen und Wirkungen ausüben. Das persönliche
Feld der Manifestation betrifft mit anderen Worten eure dreidimensionale Wirklichkeit. Wenn ihr andere Dimensionen
mithilfe der inneren Sinne erkundet, bestehen keine derarti-
gen Grenzen. Eure persönliche Wirklichkeit weitet sich ins
Unendliche. Wer das verstanden hat und umsetzt, für den
wird es möglich, von seinem persönlichen Wirklichkeitsfeld
aus auf die größere Konsens-Realität einzuwirken. (Mark
macht mich gerade darauf aufmerksam, dass hier eine Parallele zu eurem Schlagwort »global denken, lokal handeln«
besteht. In unserem dritten Buch werden wir noch viel mehr
zu diesem wichtigen Thema zu sagen haben.)

Dialog – 19. April 2004

Gestern Abend kam mir der Gedanke, dass die Experimente dem Leser den Zugang zu den verschiedenen Ebenen des Bewusstseins ermöglichen sollen. Das wird für jeden ein wenig anders sein und ist doch insofern eine gemeinsame Erfahrung, als wir uns die inneren Sinne, die simultanen Leben und die Energiepersönlichkeit erschließen. Wird es da zu Kontakten mit nichtkörperlichen Wesenheiten kommen?

Ja, Mark, und dein Gedanke, dass wir ein Vorspiel zu unseren Experimenten brauchen, mit dem ihr euch einen geschützten Freiraum schaffen könnt, ist gut und richtig. Ihr müsst euch gegen solche Wesenheiten und negative Einflüsse abschirmen können. [Das war mein Gedanke gewesen, den Seth, wie so oft, telepathisch aufgegriffen hatte und jetzt beantwortete.] Naturwissenschaftler müssen sich ja auch vor giftigen oder sonst wie gefährlichen Stoffen und Einflüssen schützen, und genauso brauchst du und brauchen unsere Leser eine Abschirmung, wenn ihr in einem ungeschützten Zustand seid, etwa während der Meditation oder bei unseren Experimenten. Das ist wirklich äußerst wichtig. Es wird jedem unserer Experimente vorangehen. Du kannst das Schutzritual auch machen, bevor du mich »empfängst«. Es ist für viele Situationen empfehlenswert. Ein weiteres Experiment wird darin bestehen, dass wir unsere Leser eine Verbindung zu anderen Seth-Lesern knüpfen lassen, sodass es zu Begegnungen in der simultanen Zeit kommen kann, wie du es in deinem Vorwort zu unserem ersten Buch beschrieben hast. Siehst du, wie die Teile sich zusammenfügen? [Siehe dazu *Seth: neue Botschaften über die Realität der Welt*, S. 20, und im vorliegenden Band das letzte Experiment im 10. Kapitel.]

Ritual: Eine Freistätte schaffen

Auf den Übungen unseres ersten Buchs aufbauend, werden wir jetzt zusehen, wie wir ein Schutzritual gestalten können, das jeweils vor den Experimenten auszuführen ist. Dir, Mark, übermittle ich dazu wieder ein Hologramm; es enthält sozusagen die Essenz des Beschütztseins, die aus individuellen Bildern und Gefühlen der Geborgenheit und des Friedens besteht. [Tatsächlich empfand ich einen intensiven emotionalen Impuls, der etwas Tröstliches und Besänftigendes vermittelte. Verbunden waren damit schöne persönliche Erinnerungen aus meiner frühen Kindheit.] Jeder Leser möge für sich selbst herausfinden, was er oder sie unter Frieden und Geborgenheit versteht, was für Bilder und Annahmen sich damit verbinden. Das kann man dann zu einem machtvollen Bild oder Ausdruck verdichten, der zu den Energien, von denen wir hier sprechen, in Resonanz steht. Für jeden Einzelnen wird es hier eine bildhafte Vorstellung oder eine sprachliche und niedergeschriebene Aussage mit dem entsprechenden emotionalen Gehalt geben.

Das ist dann das Freistätten-Ritual, dem sich der Leser vor jedem unserer Experimente widmet. Es wäre gut, wenn jeder seine Eindrücke aufschreibt oder Bilder dazu malt, damit immer etwas zur Hand ist, worauf man später wieder zurückgreifen kann. Das Ritual kann auch Bewegungen oder Gesten, das Wachrufen bestimmter Gefühle, Visualisationen und anderes mehr enthalten. Vielleicht werdet ihr euer Ritual ein paar Mal durchspielen, bis es die gewünschte Empfindung eines geschützten Freiraums auslöst, ein Gefühl der Geborgenheit, wie es ein Kind in den Armen seiner liebevollen Mutter hat. Natürlich können Erwachsene andere Kriterien für Schutz und Geborgenheit haben.

Macht euch Notizen, während ihr euer Ritual entwickelt, bis ihr etwas findet, was euch diesen Zweck erfüllt. Das sind ganz persönliche Dinge. Jeder kann nur für sich selbst wissen, wann er die Details seines Rituals so fein abgestimmt hat, dass er damit diesen geschützten, sakrosankten Freiraum schaffen kann.

Die Experimente bestehen jeweils aus drei Schritten: Dem Freistätten-Ritual, dem eigentlichen Experiment und der anschließenden Dokumentation. Hier noch eine Anmerkung: Ausdrücke wie »Emotionalkörper«, »Heimatdimension« und so weiter dienen ausschließlich dem Zweck der Verdeutlichung und sollen es dem Leser erleichtern, die Dinge zuzuordnen. Für eure Wahrnehmung ist die Wirklichkeit natürlich ein nahtloses Ganzes. Es lässt sich keine tatsächliche Grenze ziehen, beispielsweise zwischen eurem Körper und dem, was wir hier »Dimensionen« nennen. Die ganze Terminologie soll euch in eurer dreidimensionalen Welterfahrung die Möglichkeit geben, euch das hier Mitgeteilte irgendwie zu vergegenwärtigen. Ihr seid es gewohnt, alles zu benennen – also werden wir hier auch benennen.

EXPERIMENT: DAS PERSÖNLICHE FELD DER MANIFESTATION

Hypothese: Du kannst die Erzeugung deines persönlichen Wirklichkeitsfeldes spüren.

1. Ritual: Schaffung eines geschützten Freiraums.

2. Experiment: Wir werden jetzt versuchen, dir ein Gefühl für dein persönliches Feld der Manifestation zu vermitteln. Zuerst möchte ich, dass

du innerlich still wirst; dazu kannst du irgendeine Entspannungstechnik anwenden, die du im Laufe deines Lebens kennengelernt hast – zum Beispiel tiefes Atmen, das Visualisieren einer Ruhe ausstrahlenden Szene oder ein paar Dehnübungen. Wenn du entspannt bist, blickst du geradeaus und versuchst auszumachen, wo ungefähr die Siebzehn-Meter-Grenze ist. Dafür wäre es natürlich gut, sich irgendwo im Freien aufzuhalten, aber auch in einem geschlossenen Raum wirst du die Entfernung vielleicht ahnend bestimmen können.

Spüre, wie diese Grenze dich umgibt und dir Halt gibt. Versuche außerdem zu spüren, dass die wahrgenommene Wirklichkeit in diesem Umkreis von deinen Intentionen abhängt. Erinnere dich, dass du bei diesem Erschaffen der physischen Realität mit Allem-Was-Ist zusammenwirkst. Spürst du, wie die schöpferische Kraft des Universums in deine Realitätsgebilde einfließt und für deine Körpersinne den Eindruck von nahtloser, »felsenfester« Realität erzeugt? Und spürst du die Verbindung zwischen dir und allem anderen? Jede Zelle, jedes Molekül, jedes Atom ist mit jeder anderen Zelle, jedem anderen Molekül, jedem anderen Atom verbunden. Und das ist buchstäblich so. Fühle es, stell es dir bildlich vor, handle entsprechend. Du, lieber Leser, bist genauso mit allem anderen im gesamten Universum verbunden.

Wenn du ein Gefühl für diese Kraft bekommen hast, wirst du vielleicht auch spüren, dass all die so erschaffenen Formen in deinem Wahrnehmungsfeld ihre eigenen Energiefelder besitzen. Jedes Atom hat seine eigene Aura, jedes zusammengesetzte Gebilde besitzt seine kollektive Aura. Mach dich frei von allen Minderwertigkeits-, Schuld- und Angstgefühlen und erlebe dich als das, was du wirklich bist: Mitschöpfer deiner Welt.

Dieses Gewahrwerden der wahren Natur deiner persönlichen Wirklichkeit muss deinen religiösen und spirituellen Vorstellungen keineswegs widersprechen, eins schließt das andere nicht aus. Eines der wertvollsten Ergebnisse dieses Experiments könnte sogar darin bestehen, dass du dich für Augenblicke in der Lage siehst, unterschiedliche Realitätsvorstellungen gleichzeitig in den Blick zu fassen. Solche kurzen Einblicke in andere Wahrheiten können dich mit der Zeit und wenn du bereit bist veranlassen, alte Überzeugungen und Verhaltensweisen abzulegen, die dir – deiner Seele – nicht mehr dienen.

3. Ergebnisse: Dokumentiere schriftlich oder auf andere Art, was du festgestellt hast. So kannst du später wieder darauf zurückgreifen.

EXPERIMENT: IM EMOTIONALEN KÖRPER RUHE EINKEHREN LASSEN

Hypothese: Wenn der Brennpunkt der Aufmerksamkeit vom emotionalen Zentrum auf die mentalen Zentren verlagert wird, beruhigen sich die Emotionen.

Mit diesem Experiment möchten wir dir eine Perspektive erschließen, aus der du deine Welt mit mehr Klarheit erschaffen und wahrnehmen kannst. Da du ein Mensch bist, wird deine Perspektive bisher wohl überwiegend von deinem emotionalen Zentrum in der Herzgegend bestimmt gewesen sein. Wir werden jetzt versuchen, den Brennpunkt deiner Aufmerksamkeit von dort aus aufwärts zum mentalen Zentrum zu verlagern, das seinen körperlichen Sitz zwischen den Augen hat.

1. Ritual: Schaffung eines geschützten Freiraums.

2. Experiment: Versuche die Energien in der Herzgegend zu spüren und sieh zu, was für Bilder oder Gefühle daraus aufsteigen. Wenn du den Eindruck eines »Wallens« von lauter Emotionen von zunehmender oder abnehmender Intensität bekommst, bist du richtig.

Hebe diese wallende Energie unter Einsatz deines Willens oder deiner Intention von ihrem derzeitigen Ort aus in die höheren Zentren, also zuerst in die Kehle und dann in den Kopf. Schon unterwegs wirst du merken, dass die wallenden Gefühle an Intensität verlieren. An ihre Stelle treten eine kühle Klarheit und etwas Gelöstes. Bleibe ein paar Augenblicke bei diesem »unemotionalen« Gefühl von Klarheit und Bestimmtheit. Gib ihm Zeit, sich zu verkörpern.

3. Ergebnisse: Dokumentiere, was du erlebt hast – Beobachtungen, eigene Stellungnahmen, Zeichnungen und so weiter.

EXPERIMENT: MEDITATION

Hypothese: Du kannst lernen, dich gezielt mit den göttlichen Energien zu verbinden.

Also, unsere Meditationstechnik ist ganz simpel. Es geht darum, sich bewusst an die göttliche Informationsquelle anzuschließen. Ihr habt ohnehin schon im Schlaf Zugang zu diesem höheren Wissen. Dieses Experiment soll euch dabei unterstützen, Rituale der Kontaktaufnahme und der Kommunikation mit der göttlichen Quelle zu entwickeln, und ein Mittel dazu ist das, was wir hier ganz unspezifisch Meditation nennen. Rechne bitte damit, dass du ekstatische Bewusstseinszustände erleben wirst. Für andere würdest du auf deinem Stuhl, auf der Couch oder auf dem Kissen so aussehen, als wärst du in einem Zustand der Ekstase. Und so wird es auch sein.

1. Ritual: Schaffung eines geschützten Freiraums.

2. Experiment: Setz dich auf einen bequemen Stuhl oder irgendetwas, das dir erlaubt, die Füße flach auf den Boden zu stellen. Wenn Armlehnen vorhanden sind, kannst du die Unterarme darauf ablegen, sonst lässt du die Hände einfach locker im Schoß ruhen und entspannst die Arme. Der Rumpf soll mühelos, stabil auf der Sitzfläche ruhend, sein Gleichgewicht finden, es soll sich bequem anfühlen.

Das Wichtigste an dieser Meditationshaltung ist Folgendes: Der Kopf wird nicht genau gerade gehalten, sondern neigt sich ganz leicht nach links oder rechts und nach hinten – eben so, wie es in der Ekstase aussehen würde. Andere würden meinen, dass du völlig entspannt bist und in dir ruhst – aber nicht so, als würdest du schlafen oder wärest nicht bei Bewusstsein. Du stehst gleichsam mit einem Bein in der Sphäre des Physischen und mit dem anderen in der Sphäre des Metaphysischen.

Hier kommt es nun entscheidend auf deine Ausrichtung an. Während du die entspannte Körperhaltung für die Meditation einnimmst, konzentrierst du dich zugleich darauf, die Verbindung zum Göttlichen herzustellen. Das wird bei jedem etwas anders aussehen. Ich nenne es »Verkörperung des Göttlichen«. Mit deiner Vorstellungskraft bringst du deine Kreativität ins Spiel, um die »göttliche Verbindung« herzustellen. Du spürst, wann es so weit ist. Unverkennbare Gefühle der Liebe stellen sich ein, Wellen von Ekstase gleich unter der Oberfläche. Wenn sich diese sehr angenehmen Empfindungen einstellen, wird göttliches Wissen durch die Stelle zwischen deinen körperlichen Augen in deinen ätherischen Körper einströmen. Wenn du dich nicht ablenken lässt, kannst du von diesen Energien so lange »trinken«, wie du möchtest. Ich empfehle fünfzehn Minuten bis eine Stunde pro Sitzung.

Dieser Strom kann von selbst abbrechen oder versiegen, und kurz darauf wirst du in dein dreidimensionales Bewusstsein zurückfinden. Du kannst dir aber auch vornehmen, nach einer bestimmten Zeit wieder aufzutauchen, und es wird dann so sein. Sag dir einfach vor der Meditation, wie lange du sitzen möchtest. Außerdem ist es ratsam, nicht unmittelbar im Anschluss an die Meditation zur Analyse zu schreiten. Lass dir ein wenig Zeit. Die Energien ordnen sich noch eine Weile in deinem ätherischen Körper, und es ist überhaupt nicht notwendig, dir ein Bild von deinen Fortschritten zu verschaffen. Die positiven Veränderungen, die regelmäßiges Meditieren in deinem Leben bewirken wird, dürften überzeugend genug sein und dir beweisen, dass sich der Einsatz lohnt. Du lässt die göttlichen Energien von Allem-Was-Ist über dich hinwegrauschen und dich reinigen und heilen.

3. Ergebnisse: Dokumentiere alles Bemerkenswerte an deinen Experimenten mit der Meditation. Wenn der Vorgang dir geläufig geworden ist, notiere alles, was du während und nach der Sitzung fühlst und denkst. Du wirst später gern darauf zurückgreifen.

2 Eine kurze Geschichte der Menschheit

Dialog – 14. April 2004

In unserem ersten Buch habe ich dich über Atlantis und den vielfältigen Gebrauch von Kristallen in dieser Kultur befragt. Mich fasziniert einfach alles, was mit Atlantis zu tun hat. Was hat es mit meiner Beziehung zu Atlantis auf sich?

Also, Mark, zunächst einmal habe ich dir gerade – beim Blinzeln – ein Bild mit einer Gefühlsfärbung zukommen lassen. Außerdem habe ich deinem Bewusstsein das Wort »durchsickern« eingegeben. Es war ein kurzzeitiges »mehrfachsensorisches« Hologramm.

Ja, es kam ganz deutlich an, danke.

Was da »durchsickert«, kann aus deiner Vergangenheit oder Zukunft oder aus derzeitigen Existenzen stammen, aus allen deinen simultanen Leben.

Und was die Kristalle angeht: Manche deiner Zeitgenossen sind so von Kristallen fasziniert, dass sie sich mit kaum etwas anderem befassen. Sie schreiben ihnen allerlei geheimnisvolle Kräfte zu. Das sind die Leute, die nach ihrem Übergang in die vierte Dimension – vielleicht auch nach ihrer Wiedergeburt in der vierten Dimension – auf dem Gebiet der neuen Kristalltechnologie, von der ich im ersten Buch sprach, führend sein werden. Es sind echte »Kristallmenschen«, die sich wieder und wieder als solche inkarnieren und entsprechenden Tätigkeiten nachgehen, um ihre Erfahrung und ihr Wissen abzurunden und zu einem Ganzen zu formen.

[Das Hologramm dauerte einen Sekundenbruchteil. Aus irgendeinem Grund hatte ich die Augen kurz geschlossen und erlebte solch ein »Durchsickern«. Getragen war die Visionen von einer wohligen, ekstatischen Empfindung. Ich erinnere mich an Pastelltöne von Türkis und Magenta. »Es kam ganz deutlich an«, aber jetzt, kaum ein paar Minuten später, kann ich das Bild schon nicht mehr wachrufen.]

Die Bühne des Lebens

Ihr kommt in verkörperter Form auf die Welt, weil ihr ein Leben vorhabt, in dem es etwas zu lernen gibt. Ihr habt zwar die Wahl zwischen unbeschränkt vielen wahrscheinlichen Aktionsplänen, aber ihr werdet etwas tun, was dem vorgefundenen Gesamtzusammenhang entspricht, einem Hintergrund sozusagen, vor dem sich eure Reinkarnationsdramen und Reinkarnationskomödien abspielen. An diesen »Produktionen« fühlt ihr euch im Allgemeinen nicht groß beteiligt, und so überrascht es euch, wenn euch auf der Bühne eures Lebens großes Glück oder großes Unglück begegnet. Aber in dieser Zeit, meine Freunde, wachen viele von euch auf und erkennen sich als Akteure auf dieser Bühne, ja sogar als die Autoren, Produzenten und Regisseure all dieser tief symbolischen Geschichten.

Vielleicht versteht ihr besser, was ich hier sagen will, wenn ihr an die großen Gestalten eurer Kultur denkt, an die Helden und Heldinnen eurer historischen Vergangenheit, wie sie in Büchern und Filmen besungen werden. Ihr erfasst die symbolische Bedeutung, die in den Leben dieser Gestalten liegt, nicht wahr? Aber seht ihr auch die Bedeutung eures eigenen Lebens, seht ihr, wie aufschlussreich es ist? Die Heldentaten der Alten sind gern dramatisch überzeichnet worden, um euch den Gehalt ihrer Geschichte besonders deutlich vor Augen zu führen, aber ich kann euch versichern, dass die alten Sagen und ihre Helden unter dem Aspekt der Seele nicht wichtiger oder bedeutender sind als euer alltägliches Heldentum. Ihr alle seid Helden. Ihr werdet in euer irdisches Leben hineingeboren, weil ihr euch bestimmte Lernaufgaben vorgenommen habt.

Ursprünge

Die gegenwärtig über sechseinhalb Milliarden Menschen auf eurer Erde, wo kamen sie alle her, wo liegen eure Ursprünge? Es gibt dazu, wie ihr wisst, allerlei Erklärungen religiöser und wissenschaftlicher Art. Und wie eure religiösen Geistesgrößen sich zu den alleinigen Trägern spiritueller Erkenntnis in dieser Sache salben, so maßen sich die Naturwissenschaftler auf ihrem Feldzug zur Unterwerfung der Natur an, die einzigen zu sein, denen die wahre Geschichte der Menschheit bekannt ist. Aber was eure Forscher als »Beginn« der Menschheitsgeschichte sehen, stimmt einfach nicht. Menschen haben von ihrem ersten Auftreten auf der Erde an unzählige hoch technisierte Gesellschaften aufgebaut, immer wieder, und zwar über Jahrmillionen in eurer linearen Zeitvorstellung. Solange eure Wissenschaftler gar nicht erst in solchen Zeitdimensionen zu denken in der Lage sind, wird sich die Diskussion um die prähistorische Menschheitsentwicklung wie bisher um Dinge wie den Gebrauch primitiver Werkzeuge und dergleichen drehen.

Die Menschen der »Frühzeit«, von denen *ich* hier rede, besaßen einen hoch entwickelten Verstand und ein technisches Können, das den derzeitigen Stand eurer technischen Entwicklung weit überflügelte. Wie das möglich war? Nun, über telepathische Kommunikation dieser Menschen mit ihrem höheren Ich – mit ihren Geist-Führern oder ihrer Energiepersönlichkeit. Was ihr gegenwärtig an Bewusstseinserweiterung erlebt, ist einfach ein weiterer Durchgang durch ein zyklisches Muster, das sich seit Jahrmillionen wiederholt und in der Aktualisierung von gleichsam in der kollektiven Energiepersönlichkeit »hinterlegten« Anlagen und Fähigkeiten besteht.

Ja, man kann wohl sagen, dass euer Weg von den Anfängen bis heute eine fantastische Reise war. Ihr erinnert euch vielleicht an das, was ich im ersten Band dieser Reihe über die Geschichte der Menschheit gesagt habe. Die Geschichte, die ich erzähle, ist natürlich nur eine von buchstäblich Millionen wahrscheinlichen Geschichten. Es gibt eine unbegrenzte Anzahl von wahrscheinlichen Wirklichkeiten, die man durch Ausrichtung des Bewusstseins aktualisieren kann. Was dann kollektiv als »Realität« von euch anerkannt wird, ist eine Konsens-Realität, und eure Geschichte ist folglich die Geschichte eurer Konsens-Realität. Kurz, hier gilt das Mehrheitsprinzip. Als Menschheit erschafft ihr im Traumzustand einen allgemeinen Rahmen für eure jeweilige persönliche Wirklichkeit, und darüber breitet ihr dann beim Aufwachen eure persönlichen Wirklichkeitsgebilde als »Tarnung«. Jeder von euch destilliert aus seinem persönlichen Reservoir an Erinnerungen und Vorstellungen aus allen simultanen Leben das Umfeld und die Ereignisse, die ihr beim Aufwachen vorfinden werdet. So war es schon immer. Und wie gesagt, Begriffe wie »Anfang« und »Ende« haben nur da einen Sinn, wo von linearer Zeit ausgegangen wird. In Wirklichkeit spielen sich eure Leben simultan ab, zeitgleich mit diesem gegenwärtigen Augenblick. Aber solange Raum und Zeit für euch nützliche Vorstellungen sind …

Aus dem Sternenmeer

Eure Anfänge liegen im Sternenmeer. Erfasst euch nicht manchmal eine unerklärliche Sehnsucht, wenn ihr in den Sternenhimmel blickt und die Milchstraße seht? Ihr kommt von dort. Da liegen eure Ursprünge, die Ursprünge der Menschheit auf dieser Erde. Die uralten Geschichten von Sternengöttern, die Menschen auf der Erde aussetzen, und eure Science-Fiction-Erzählungen von außerirdischen Besuchern – in all diesen Mythen und »erfundenen« Geschichten ist ein Körnchen Wahrheit, was euren wahren Ursprung angeht. Die alten Mythen sind oft sehr schlichte Übersetzungen dessen, was eure menschlichen Vorfahren wahrnahmen, und die Science-Fiction-Mythen entspringen eurem kollektiven Unbewussten, diesem Speicher der »Erinnerungen« an alles Vergangene, gegenwärtige und Zukünfte auf eurer Erde. Eure Schriftsteller und Künstler, wenn sie Visionäre sind, schöpfen aus diesem Fundus von Symbolen und Wahrheiten, um damit ihre Werke zu gestalten. Wer von euch Sinn für die Wahrheit in diesen Werken hat und sich davon berühren lässt wie eure fernen Vorfahren von ihren Stammeserzählungen, der kann über dieses kollektive Seelen-Netzwerk seine Verbundenheit mit dem Heiligen erfahren.

Wenn ich sage, dass eure Ursprünge im Sternenmeer liegen, meine ich damit, dass der Keim der Menschheit wirklich in den Sternen liegt, in dem, was eure Wissenschaftler als strahlende Glutmassen von unvorstellbarer Hitze beschreiben. »Aber wie sollen Lebewesen, Zellen, in solch einer Umgebung existieren?«, werdet ihr fragen. Nun, ganz einfach: Sie sind von anderer Dimensionalität. Viele interessante und produktive Lebensformen – manche würdet ihr vielleicht humanoid nennen, andere ganz sicher nicht – existieren und entwickeln sich überall im Universum, aber in einer anderen Dimensionalität als der euren, in und auf Sternen und deren Planeten. Es ist wirklich so. Sie sind perfekt an ihre Dimensionalität und diese Lebensräume angepasst. Ich denke, ihr versteht jetzt, dass Reisen von anderen Sternen und Planeten oder sogar Galaxien zur Erde – oder zu irgendeinem Ort im Universum – einfach »Reisen« zwischen unterschiedlichen Dimensionalitäten sind und daher *keinerlei* Zeit beanspruchen.

Wenn ihr unser erstes, durch Cas diktiertes Buch gelesen habt, werdet ihr euch erinnern, dass ich auch da schon etwas über die Ursprünge der Menschheit gesagt habe, nämlich dass ihr außerirdischen Ursprungs seid. Eure Erde ist von anderen Sternen und Planetensystemen aus mit menschlichen Lebensformen »beschickt« worden, damit sie hier die Erfahrungen machen können, die in dieser einmaligen Umgebung möglich sind.

Ich kann mir vorstellen, dass mancher von euch jetzt ungläubig den Kopf schüttelt. Das muss man wirklich erst einmal aufnehmen und verarbeiten. Und wie ich außerdem gesagt habe, lasst ihr euch – zu Lernzwecken – nicht nur auf viele individuelle verkörperte Existenzen ein, sondern es geschieht darüber hinaus in verschiedensten Familienverbünden und Rassen und in wechselnden Geschlechterrollen.

Weiterhin möchte ich an das große Vergessen erinnern, das eure Erinnerungen an andere Leben und die Erfahrungen in eurer Heimatdimension überdeckt. Dieses Vergessen erklärt, weshalb ihr ganz ehrlich überzeugt von eurer »Herkunft« sprechen könnt und von Leuten in eurem Familienstammbaum, die euch mit ihren Kämpfen, Siegen und Niederlagen den Weg bereiteten und für eure Erfolge und Misserfolge mitverantwortlich sind. Das alles hat mit eurer beschränkten Wahrnehmung zu tun. Wenn eure inneren Sinne in dieser Zeit des Erwachens geschärft worden sind, werdet ihr sehen, dass ihr eure Reinkarnationsdramen auf der Erde aus spirituellen Gründen inszeniert. Selbst dann, um auch das noch zu sagen, wenn ihr nicht an »spirituelle« Dinge glaubt.

Interdimensionalreisen

Wenn wir in der Frage eurer Herkunft noch weiter »in der Zeit zurückgehen«, treffen wir auf den schöpferischen Ursprung von allem, was wir hier beschreiben – Alles-Was-Ist. Dieser göttliche Ursprung bringt aus sich selbst das hervor, was Menschen, evolvierenden Seelen, werden soll – ihr und eure Mitbewohner der dreidimensionalen Wirklichkeit auf der Erde. Ihr seid aus der fruchtbaren Essenz von Allem-Was-Ist gemacht und werdet so von Allem-Was-Ist in euer bevorstehendes Leben entlassen. Euer Anfang folgt einer mehr oder weniger langen Warte- oder Ruhezeit – Jahre oder Jahrhunderte nach eurer Rechnung – in diesen Sternensystemen, bis sich schließlich die Gelegenheit zur Geburt ergibt.

Die meisten von euch, die dieses Buch lesen, haben sich schon in anderen galaktischen Systemen aufgehalten, nämlich Arcturus und Sirius und einem dritten Komplex, der von euren Astronomen noch nicht entdeckt und benannt worden ist und folglich nicht existiert. Reisen zwischen den Dimensionen brauchen, wie ich sagte, keine Zeit. Im einen Augenblick existiert man in einer bestimmten Dimensionalität irgendwo in einem fernen Sternensystem, und im nächsten Augenblick findet man sich als Seele in einem Körper wieder und wird auf der Erde geboren. So ist es, mein Freund, und so war es schon immer.

Ich denke, es darf noch einmal wiederholt werden: Dein Seelen-Ich wählt das Leben, in das hinein es geboren werden möchte – dieses bestimmte Kind, das unter diesen bestimmten Umständen irgendwo auf der Erde geboren wird. Ihr werdet geboren, um bestimmte Erfahrungen zu machen, zu eurer eigenen Erfüllung und zur Vervollständigung der Erfahrung von Allem-Was-Ist.

Geheimnisvolle Kulturen

Wenn wir unseren linearen Zeitfaden weiter spinnen, bestand der nächste Schritt für die Spezies Mensch in der weiteren Evolution innerhalb etlicher Zivilisationen, von denen einige in euren Mythen genannt werden: Atlantis, Lemuria und GA. Was ihr in alten Texten darüber vorfindet, ist allerdings eine stark romantisierte Darstellung. Aber die wahren Geschichten sind genauso interessant, und wir wollen sie hier kurz streifen.

GA, das Matriarchat

Sprechen wir zuerst die am wenigsten bekannte dieser drei Kulturen an, GA, eine Zivilisation eurer Dreidimensionalität, achttausend Jahre vor dem Beginn der christlichen Zeitrechnung. GA nahm große Teile Europas ein und wurde von Frauen regiert, wobei die Männer für administrative Aufgaben und alles, was Körperkraft verlangte, zuständig waren. Viele von euch waren dort und haben als Männer oder Frauen ihre Rollen gespielt in dieser Gesellschaft, die vor allem die weiblichen Aspekte des Bewusstseins verehrte. Männer sorgten für die Herstellung von Gebrauchsgegenständen, den Bau von Unterkünften und dergleichen. Aber Männer wurden hier nicht gering geschätzt. Es war ganz anderes. Beide Geschlechter fanden Erfüllung in ihren Rollen. Es gab keinen »Geschlechterkampf«, wie ihr das heute nennt. Alles ging Hand in Hand, und das ist ja der Kern jeder Beziehung.

GA, wie wir diese matriarchalische Kultur nennen wollen, basierte auf liebevoller Wertschätzung für alle anderen Menschen dieser Gesellschaft. GA war das Experiment einer auf Liebe gebauten Gesellschaft – etwa so, wie euer Amerika das Experiment einer multikulturellen Gesellschaft ist.

In dieser Kultur war Sumari von großem Einfluss. Es wurde überwiegend Sumari gesprochen, eine Sprache, die von Liebe und gegenseitiger Achtung innerhalb der Familie und außerhalb geprägt war. In allen Beziehungen wurde davon ausgegangen, dass Liebe die Essenz eines jeden ist.

Mark hat in Büchern und in eurem Internet über GA zu recherchieren versucht und nichts gefunden. Da ist auch nichts zu finden. Aber mit der Zeit [schmunzelnd] werden eure Archäologen und andere Forscher diesbezüglich »Entdeckungen« machen, und zwar, wenn sie gelernt haben, sich ihrer inneren Sinne zu bedienen. Diese Entdeckungen werden zu einer völligen Neubewertung aller Zeugnisse über Kulturen eurer sogenannten Vergangenheit führen.

Die Annahme liegt nahe, dass manche eurer heutigen Legenden über matriarchalische Kulturen aus der Zeit von GA stammen, und so ist es in der Tat. Diese farbenprächtigen Berichte von Stämmen und ganzen Gesellschaften, die von starken, kreativen Frauen geprägt waren, gelangen auf einem Wege in euer kollektives Bewusstsein, den wir weiter oben »Durchsickern« genannt haben. Da eure individuelle und kollektive Vergangenheit und Zukunft in diesem gegenwärtigen Jetzt-Augenblick geschaffen werden, ist die Erinnerung an diese Zivilisation latent vorhanden und wird euch »einfallen«, sobald ihr in der Lage seid, die Wahrscheinlichkeiten einer matriarchalischen Gesellschaft ernsthaft ins Auge zu fassen.

Siehst du nun, lieber Leser, wie es wirklich läuft? *Du* bist der Schöpfer. Deine Schöpferkraft ist allein durch die Grenzen beschränkt, die du deiner Vorstellungskraft und deiner Wahrnehmung ziehst.

Dialog – 26. April 2004

Nein, nein, du bist keine Nervensäge. [Reaktion auf meinen Gedanken, dass ich zu viele Fragen über Atlantis stelle.] Es ist nur so, dass Atlantis weitergeht, die Manifestation setzt sich fort, während wir hier sprechen. Das macht es so schwierig, dir eine Darstellung zu geben, die dir in deiner Dreidimensionalität verständlich ist. Ich könnte dir ein Hologramm schicken, in das die wesentlichen Informationen eingebettet sind. Wäre das in Ordnung?

Oh, und wie!

Wunderbar. Vielleicht kannst du die vieldimensionale Botschaft dann in eine für deine Zeitgenossen nachvollziehbare Form bringen. Sieh genau hin, hör genau hin. Das könnte sich als nützliche Technik für unsere Projekte erweisen.

[Ich ging weiter den Dingen dieses Tages nach und horchte immer wieder in mich hinein, merkte jedoch nichts von einem Hologramm. Aber in der Nacht wachte ich mehrfach auf und fand mich mitten in einer Szene, in der Menschen auf dem Boden lagen, immer Kopf zu Fuß, sodass sie lange Schlangen, ja ein ganzes Gitternetz bildeten – und dieses menschliche Gitternetz erzeugte auf irgendeine Art Energie. Am nächsten Morgen fiel es mir wie Schuppen von den Augen: Dieses Bild war in der Tat wie ein Hologramm von Atlantis, weil es die eigentliche, tragende Kraft dieser Kultur darstellte. Die Menschen von Atlantis haben die Kraft ihrer Gedanken konkret nutzbar gemacht, sie nutzten die kollektive Kraft des Menschengeistes, um bewusst und auf telepathischem Wege ihre Welt zu erschaffen. Und dorthin sind auch wir unterwegs, wenn wir Seths Ideen umsetzen.

Es war mit dieser Szene noch eine zweite Botschaft verbunden: In diesem zweiten Buch geht es darum, wie auf der Grundlage des ersten Buchs Netzwerke zu bilden sind – Netzwerke zur Erzeugung von »Menschen-Energie«. Das dritte Buch wird berichten, wie die menschlichen Entsprechungen der Seth-Wesenheit Seths neue Botschaften aufnehmen und umsetzen.]

Die Kinder von Atlantis

Mark interessiert sich sehr für Geschichten über Atlantis und andere geheimnisvolle Kulturen. Schon als Kind schwärmte er für Filme, in denen es um Atlantis ging, und sein Leben lang hat er Bücher zum Thema gelesen. Der »Mythos« zieht ihn und viele seiner Zeitgenossen geradezu magisch an. Es gibt dafür gute Gründe. Ihr seid »Kinder« von Atlantis – und zwar wirklich Kinder, denn ihr neigt dazu, eure Lektionen nicht lernen zu wollen. Ich spreche von den spirituellen Lektionen, für die ihr auf eure Erde gekommen seid. Ihr kommt aus Atlantis, aus einer Zivilisation, die einen unvergleichlich hohen Stand der technischen Entwicklung erreichte, um sich dann durch Missbrauch dieser Errungenschaften selbst zu zerstören. Dieses Bild enthält aber noch längst nicht alles, denn wie ich schon sagte: Atlantis ist ebenso in eurer Zukunft wie in eurer Vergangenheit.

Hier schließt sich etwas an, was ich schon im vorigen Band angesprochen habe: Eben jetzt befindet sich die Menschheit, was Entwicklung und Nutzung der Kernenergie-Technik angeht, auf dem falschen Weg. Hier wird die Menschheit, vor allem in den Industrieländern, den Weg der Bewohner von Atlantis gehen und ihre Evolution im »Kindesalter« abbrechen oder eine andere, reifere und von Liebe getragene Wahl treffen, nämlich zu verantwortungsbewussten Hütern der Erde und damit zu Mitschöpfern von Allem-Was-Ist zu werden.

Ich beschwöre hier keine Schreckgespenster, nehmt es bitte ernst: Eure Erde befindet sich in einer sehr kritischen Lage, und sie wird von Tag zu Tag bedrohlicher. Das Gebot der Nichteinmischung verbietet mir, bei der Frage der Kernenergie allzu sehr in die Einzelheiten zu gehen, aber ihr braucht euch nur in manchen eurer spirituellen Traditionen umzusehen, um eine Vorstellung davon zu bekommen, was euch unweigerlich bevorsteht, wenn ihr so weitermacht wie bisher. Es gibt in diesen Schriften Schilderungen von verheerenden Feuern und Katastrophen, und zu denen wird es wirklich kommen, wenn ihr nicht umdenkt. Es wird in diesen Texten auch gesagt, wie man die durch Habgier, Ignoranz, Angst und Zorn hervorgerufenen Naturkatastrophen verhindern kann. Meine aktuellen Worte sind von ähnlicher Natur wie diese nach eurem Verständnis alten Texte. Ich bin einfach ein Überbringer von Botschaften, die Alles-Was-Ist an die heutige westliche Welt richtet.

Ebenso wahr und wichtig ist aber auch, dass viele Menschen überall auf der Erde eben jetzt in Richtung Licht geführt werden. Sie werden alle in ihrer eigenen Sprache unterrichtet und mit Bildern, die ihnen aus ihrer jeweiligen spirituellen oder religiösen Tradition vertraut sind.

Macht

Atlantis durchzieht, beinahe wie ein Traum, die Randbereiche eures kollektiven Bewusstseins. Eure Faszination für alles Atlantische zeugt von der Ähnlichkeit der beiden Kulturen. Ich verrate sicher nicht zu viel, wenn ich sage, dass Ähnlichkeiten vor allem da bestehen, wo es um Fragen der Macht, um Fragen des ethischen Umgangs mit mentalen Technologien und um spirituelle Fragen geht – insbesondere die Frage, was eine Gesellschaft zum Schutz offen bekundeter spiritueller Ideen tut. Ihr spürt sicher, dass sich hinter dieser knappen Beschreibung einiges an Diskussionsfeldern verbirgt.

Die größte technische Errungenschaft von Atlantis – sehr nutzbringend für die Menschen und für Wachstum und

Entwicklung der Zivilisation insgesamt – war die Nutzbar-machung menschlicher bioelektrischer Energie in »Serien-schaltung«. Solche telepathischen Netzwerke waren in der Lage, menschliche Zellenergie zu verstärken und zu über-tragen. Diese bioelektrische Energie wurde dann in eigens dafür geschaffenen Bauwerken in Kristallen gespeichert, und aus solchen »Batterien« bezogen die Menschen die Energie für die Gerätschaften ihres täglichen Bedarfs.

Wie der moderne Mensch die Elektrizität aus euren Kraftwerken benötigt, so waren die Leute von Atlantis auf eine Verbindung zu den Energiespeichern jener Zeit an-gewiesen. Bei ihnen bestand diese Verbindung jedoch nicht in Leitungen, sondern war mentaler Art. Diese geistigen Netzwerke, die ihr gerade erst wieder kennenlernt und er-forscht, gehörten in Atlantis zum Alltag und waren hoch entwickelt. Jeder war in der Lage, sich mental an dieses Netzwerk anzuschließen und sofort Energie zu empfangen, die dann an die Geräte des täglichen Bedarfs weitergeleitet wurde. Näheres kann ich euch darüber leider zurzeit noch nicht mitteilen.

Atlantische Heilkunst

Ich möchte hier noch anfügen, dass die Leute von Atlantis Heilverfahren anwandten, in denen mit Farben und Klängen gearbeitet wurde. Die Angehörigen der Heilerzunft verwen-deten die natürlichen Spektralfarben, aber auch »syntheti-sche« Farben und Klänge und konnten damit Krankheiten verschiedenster Art begegnen. Ich will versuchen, Mark mit Hilfe eines Hologramms einen kleinen Eindruck von diesen Praktiken zu geben.

[Ich schloss die Augen und empfand gleich dieses von Seth beschriebene ekstatische Gefühl, wobei ich zugleich meinen Computer sausen hörte. Das Geräusch schien lauter zu werden, und ich »hörte« es in meinem Körper, wo es auf und ab vom Kopf bis zu den Füßen zu zirkulieren begann. Danach war ich ganz klar im Kopf und fühlte mich wie mit frischer Energie aufgetankt. Was sich mir vermittelte, war dies: Beliebige Geräusche aus der Umgebung können vom eigenen Bewusstsein »eingefangen« und in die Problemzone geleitet werden, um dort über »Resonanz« zu heilen.]

Die Heiler von Atlantis regten eigentlich nur die natürlichen Selbstheilungskräfte an. Es hat etwas von euren modernen Hypnosemethoden. Geführte Visualisationen brachten den Kranken an den Punkt, wo er den »inneren Heiler« mobilisieren konnte. Die heilenden Kräfte wurden als etwas angesehen, was in der Großen Kraft lag, in der göttlichen Lebensenergie. Heiler zeichneten sich durch Verbundenheit mit ihrer Energiepersönlichkeit aus. Sie verstanden sich darauf, beim Hilfe Suchenden den Kontakt zu seiner Energiepersönlichkeit anzubahnen, sodass er mit ihr kommunizieren konnte. Es hat manches mit dem gemein, was wir in unserem gegenwärtigen Projekt anstreben.

Lemuria

Nach GA und Atlantis wollen wir noch über Lemuria sprechen. Die Angehörigen dieser Kultur sind auf eurer Erde sehr aktiv, halten sich aber wie andere in benachbarten Dimensionen auf. Nebenbei bemerkt, Mark, handelt es sich bei vielen »Anomalien«, die in eurem Zeitrahmen auftreten – Gespenster, Monster, Außerirdische –, um kurzzeitige Öffnungen oder Durchlässe zwischen den Dimensionen. Wir können in den »Fragen an Seth« [am Schluss des Buches] noch Näheres sagen, du musst mich nur daran erinnern.

Lemuria gibt den Anstoß zu allem, was an Vorstellungen von unterirdischen Wesen durch euer kollektives Bewusstsein geistert. So kommen in euren Märchen Trolle und allerlei andere erstaunliche Wesen vor, die plötzlich »wie aus dem Boden gewachsen« dastehen und Gespräche mit Menschen anfangen, um dann ebenso unvermittelt wieder abzutauchen. In gewissem Sinne trifft es zu, dass Lemuria unterirdisch existiert, aber das ist einfach der Ort, an dem sich die Dimensionalität von Lemuria mir eurer Dreidimensionalität überschneidet. Für die Leute von Lemuria seid ihr Oberflächenbewohner der Erde ebenso sonderbar, wie sie für euch sind.

Die Wesen von Lemuria sind Traum-Experten. Sie achten sehr auf ihrer Träume und deren Bezug zur Erfahrung im Wachzustand. Sie schlafen mehr als ihr. Ihr erlebt ihre Träume manchmal im Wachzustand als kurzzeitige Visionen und im Schlaf als fantastische Träume. Es gibt demnach Bewusstseins-Überschneidungen zwischen euch Menschen der Dreidimensionalität und den unterirdischen Lemuriern, und mit Aufmerksamkeit und etwas Geduld könnt ihr durchaus manches mitbekommen, was auf diesem Wege durchsickert.

Eure Schamanen und andere Reisende in den ätherischen Bereichen haben sich seit Jahrhunderten zu Besuchen bei diesen unterirdischen Wesen aufgemacht. Wer auf Visionensuche die Unterwelt durchstreift, begegnet ihnen zwangsläufig. Sie sehen allerdings ganz anders aus als ihr an der Erdoberfläche, aber ich kann euch sagen, dass eure Schilderungen von Elementargeistern, Erdgeistern, dem Grünen Mann und anderen sehr zutreffend sind. In den verschiedenen unterirdischen Bereichen sind jeweils charakteristische Lebensformen anzutreffen, wie ja auch die Bedingungen an der Erdoberfläche das Erscheinungsbild der Menschen mitbestimmen.

Nun, lieber Leser, dies ist sicher eine sehr knappe Beschreibung einiger der sogenannten geheimnisvollen Kulturen, aber sie genügt für unsere Zwecke. Wir geben euch ein wenig Hintergrundinformation über eure Herkunft. Von dem, was ihr als eure Vergangenheit seht, wird in späteren Büchern noch sehr eingehend die Rede sein.

Dialog – 15. April 2004

Die Sache mit dem »Durchsickern« wirft die Frage auf, ob es sich dabei auch um Mitteilungen unserer Geist-Führer handeln kann.

Ja, das kommt vor. Es kann sich auch um kurzzeitige Bilder von wahrscheinlichen Wegen handeln, die nicht eingeschlagen und daher nicht Wirklichkeit wurden. In den meisten Fällen bedeuten solche Erfahrungen des Durchsickerns, dass du mit Aspekten deiner simultanen Leben in Berührung kommst. Wie im ersten Buch [Kapitel 3] erwähnt, wirst du in der Dimension des geeinten Bewusteins um alle deine Existenzen in Vergangenheit, Gegenwart und Zukunft wissen und dich dauerhaft an sie erinnern können. Gegenwärtig lernt euer Bewusstsein – und ich spreche hier von den Bewohnern der westlichen Welt – gerade erst, wie man sich in diesen Regionen zurechtfindet. Dazu gehört, dass ihr herausfindet, wie man sich ein solches Durchsickern *bewusst* gegenwärtig hält, ohne die Nerven zu verlieren, also ohne Angst, ohne Nichtwissenwollen und dergleichen. Deshalb bleiben solche Erfahrungen so lange kurzzeitig, bis eure inneren Sinne weit genug entwickelt sind und ihr gelernt habt, Angst und Zorn in Liebe und Zuversicht zu verwandeln. Euch wird hier immer nur so viel vorgesetzt, wie ihr jeweils verarbeiten könnt. Es geht darum, dass ihr eure Energiepersönlichkeit zu erkennen lernt und euer Wahrnehmungsvermögen anhand solcher Hilfen ausweitet, und jeder hat hier sein eigenes Lerntempo. Kannst du damit etwas anfangen.

Ja, Seth, danke.

EXPERIMENT: KONTAKT ZU DEINER »HISTORISCHEN« VERGANGENHEIT AUFNEHMEN

Hypothese: Gegenwärtige Interessen können auf frühere Leben hindeuten.

Ich glaube, dass wir mit unseren Gesprächen über die Ursprünge der Menschheit und die Frage, wo ihr die vergangenen Jahrtausende gewesen seid, alles gut vorbereitet haben, um jetzt zur Gegenwart zu kommen. Für jeden unserer Leser gilt, dass er irgendwie an all diesem Geschehen beteiligt war. Alles-Was-Ist hat euch hervorgebracht, und ihr seid in dieser oder jener der geheimnisvollen Kulturen zur Welt gekommen. Es bleibt jetzt noch zu klären, was sich in der Zeit nach diesen Kulturen bis zu eurer gegenwärtigen Inkarnation ereignet hat.

Es gibt einen sehr einfachen Einstieg in die Erforschung dieser Zwischenzeit, lieber Leser: Überlege dir, welche Epochen der sogenannten historischen Vergangenheit dich besonders ansprechen, so-dass du dich fast ein wenig damit identifiziert fühlst, so als hättest du in dieser Zeit gelebt. Das ist eine praktische und nahe liegende Methode der Weitung deines Bewusstseins.

Notiere dir vor dem Freiraum-Ritual die historischen Epochen, die dich in Büchern oder Filmen besonders ansprechen. Ist damit eine gewisse wehmütige Sehnsucht verbunden, als wäre da deine eigentliche Heimat? Wenn das der Fall ist, könnte sich diese vergangene Zeit für unser Experiment eignen. Vielleicht möchtest du dir noch aus Büchern über diese Zeit Anregungen holen, lass dich von deiner Intuition leiten.

1. Ritual: Schaffung eines geschützten Freiraums.

2. Experiment: Bring dich mit einer Technik, die du als wirksam kennengelernt hast, in eine entspannte Verfassung. Manchem hilft es, mehrmals »Ich bin leicht« zu sagen. Wenn du so weit bist, dass du deine Welt leicht und gelöst wahrnimmst, betrachtest du nacheinander die Eintragungen in deiner Epochenliste und visualisierst die Möglichkeit, in der jeweiligen Zeit gelebt zu haben. Manchmal klärt sich sehr schnell, dass du auf der richtigen Spur bist. Es kann sich ein Gefühl von liebevoller Bejahung einstellen, während du Ereignisse aus diesen möglichen früheren Existenzen wieder erlebst. Nimm dir vor, dich später daran zu erinnern. Wenn du die Liste durchhast, kehrst du behutsam ins Wachbewusstsein zurück.

3. Ergebnisse: Halte alles fest, was du erlebt hast.

EXPERIMENT: TAGESVORSCHAU UND BEWUSSTSEINSPROJEKTION

Hypothese: Du kannst dir selbst demonstrieren, dass du deine äußere Wirklichkeit im Traum erschaffst.

Die Zeit für dieses Experiment ist das Erwachen am Morgen. Die frühen Morgenstunden sind hier am besten geeignet. Du bist dann erst mit einem Fuß in deiner physischen Wirklichkeit und mit dem anderen noch im Ätherischen. Das Experiment beginnt am Abend des vorangehenden Tages.

1. Ritual: Schaffung eines geschützten Freiraums.

2. Experiment: Vor dem Einschlafen suggerierst du dir, dass du am Morgen (oder auch in der Nacht, falls du zwischendurch aufwachst) in dem Raum zwischen Schlaf und Wachzustand verweilen wirst. Wenn du aus dem Schlaf auftauchst und deine Suggestion wirksam wird und du genießerisch noch in diesem Zustand bleibst, machst du ein paar Vorhersagen für den kommenden Tag. Suggeriere dir, dass du dich nach dem vollen Aufwachen an diese Voraussagen erinnern wirst. Mach dir Notizen über deine Tagesvorschau. Jetzt folgst du einfach deinem Tagesablauf und hast ein Auge auf Übereinstimmungen zwischen deinen Voraussagen und den tatsächlichen Ereignissen des Tages.

Wie es ein Wissenschaftler tun würde, betreibst du das über einige Zeit und führst darüber Tagebuch. Wenn du Übereinstimmungen feststellst, mach dir klar, dass sie hier mehr bedeuten als Präkognition. Sie machen dir nachvollziehbar klar, dass du eine von dir selbst erzeugte Wirklichkeit erlebst.

Bei deinen täglichen Vorhersage-Experimenten wirst du direkter als zuvor mit dem konfrontiert, was wir hier »Wahrscheinlichkeiten«

nennen. Die Intuition wird immer klarer, weil du hautnah erlebst, was es mit Wahrscheinlichkeiten auf sich hat und wie sie sich verhalten. Wahrscheinliche Wege, eingeschlagen oder links liegen gelassen – das, könnte man sagen, sind die Elemente, aus denen dein Leben besteht.

Ich will versuchen, diesen entscheidenden Punkt ganz deutlich zu machen. Nimm an, du stehst an irgendeiner Weggabelung. Du musst eine Entscheidung treffen, von der für dein weiteres Leben sehr viel abhängt. Nimm zum Beispiel an, dein Arbeitsplatz werde in eine weit entfernte Stadt oder sogar in ein anderes Land verlegt. Mit deiner Entscheidung – bleiben oder umziehen – wird dein eigenes Leben und das deiner Familie einen ganz neuen Verlauf nehmen. Wenn du jetzt schon dein Gespür für Wahrscheinlichkeiten entwickelt hast und einiges über den Jetzt-Punkt und andere Gedanken dieses und des vorigen Buchs weißt, wirst du dich bei Entscheidungen dieser Art viel leichter tun.

Nach deinem Freiraum-Ritual projizierst du dein Bewusstsein auf zwei oder drei der denkbaren Wahrscheinlichkeiten und verfolgst sie ein gutes Stück. Du bist so entspannt wie möglich und visualisierst die möglichen Entwicklungen und Ergebnisse für jede deiner Alternativen. Was wird passieren, wenn du dich auf den Job in einer anderen Gegend oder sogar im Ausland einlässt? Male dir in möglichst lebhaften Farben aus, wie sich dein Alltag in allen Lebensbereichen ändern wird. Fülle die Vorstellungen auch emotional, so gut es dir eben gelingt. Jetzt kehre innerlich in deinen gegenwärtigen Augenblick zurück und stell dir von da aus bildlich vor, was sich für den ganzen Ablauf deines Lebens in allen Bereichen ergeben wird, wenn du die andere wahrscheinliche Entscheidung triffst und bleibst, wo du bist. Vielleicht findest du bei einer anderen Firma eine Stelle oder baust sogar etwas Eigenes auf. Wenn du spürst, dass dieses Experiment abgeschlossen ist, kehrst du behutsam ins volle Wachbewusstsein zurück.

3. Ergebnisse: Mach dir in dem Medium, das dir am meisten liegt, möglichst detaillierte Aufzeichnungen.

EXPERIMENT: ZUGANG ZU DEN GEHEIMNISVOLLEN KULTUREN FINDEN

Hypothese: Heutige Interessen könnten ihren Ursprung in einer der geheimnisvollen Kulturen haben.

Hier gehst du wieder so vor wie bei dem Experiment, mit dem wir zu ermitteln versucht haben, in welcher der geheimnisvollen Kulturen du möglicherweise gelebt hast. Du kennst vielleicht noch andere, die wir nicht erwähnt haben, die du aber in dein Experiment einbeziehen kannst. Wo liegen deine Neigungen in deinem jetzigen Leben? Bist du ein Ingenieur oder Wissenschaftler, geht es dir um Förderung und Unterstützung anderer, wobei du auch gern Führungsrollen übernimmst? Wenn du also deinen gegenwärtigen Persönlichkeitstyp bedenkst – in welcher der geheimnisvollen Kulturen könntest du gelebt haben, welche entspricht am besten deinen Interessen und Neigungen?

Ich habe in früheren Büchern von »Familien« gesprochen, die durch die Art ihres Bewusstseins geprägt sind. Du könntest also Angehöriger einer bestimmten Bewusstseinsfamilie sein, mit den anderen durch bestimmte Eigentümlichkeiten des Bewusstseins verbunden. Ohne hier zu sehr auf Details einzugehen – wie ich es vielleicht in der Vergangenheit getan habe –, fordere ich dich einfach auf, die alten Kulturen ins Auge zu fassen, die deinem Temperament am besten entsprechen.

1. Ritual: Schaffung eines geschützten Freiraums.

2. Experiment: Bring dich wieder in einen entspannten Zustand und orientiere dich an den von dir notierten Kulturen. Stell dir vor, wie das Leben dort gewesen sein könnte. Du wirst das vielleicht wie einen Film im Kino erleben; es könnten auch bestimmte Gefühlstönungen sein, die dir die Richtung weisen. Die Sprache Sumari hat etwas sehr Eigenes; vielleicht hörst du Gespräche, die zu einer Existenz in GA gehört haben könnten. Zu Mark sage ich oft: »Du wirst schon wissen, um was es sich handelt, wenn du etwas hörst oder siehst.« Schau einfach, horch einfach. Du kannst hier so lange forschen, wie du möchtest, aber sieh zu, dass du in deine Wahrnehmungen nichts hineindeutest, was nicht wirklich da ist. Wenn du spürst, dass dein Experiment jetzt erst einmal zu Ende ist, kehrst du behutsam ins Wachbewusstsein zurück.

3. Ergebnisse: Halte alles, was du erlebt hast, möglichst getreu fest.

3   Das nichtphysische Universum

Dialog – 14. April 2004

Kannst du etwas über die inneren Sinne und ihren konkreten Gebrauch sagen?

Ich habe schon an deinen Gedanken erkannt, dass wir die inneren Sinne noch klarer definieren müssen, um dann zu erklären, was sie leisten.

Das Wort »innere« könnte ein wenig irreführend sein, weil es in Wahrheit kein Innen und Außen gibt, aber wir verwenden den Ausdruck zur Abgrenzung von euren »äußeren« Sinnen, also den Körpersinnen. Vielleicht wäre »unkörperliche Sinne« besser.

Nun, um deine Frage zu beantworten: Du benutzt deine unkörperlichen Sinne – deine Intuition, wie du auch sagen kannst – bereits weitaus intensiver als die meisten anderen Menschen. Zum Beispiel wenn du etwas von mir wissen möchtest und mich »holst«. Du tastest dann sozusagen deine innere Welt ab. In dieser inneren Welt findest du andere »Umweltbedingungen« vor, andere Zeichen und Symbole, als in deiner äußeren Umwelt. Jeder Mensch benutzt die unkörperlichen Sinne auf seine ganz eigene Art, und was auf diese Art wahrgenommen wird, ist ebenfalls sehr individuell. Und dieses kreative Wahrnehmen ist natürlich sehr gut, denn so erfährt Alles-Was-Ist das denkbar breiteste Spektrum an Emotionen, Erinnerungen, Verhaltensweisen und so weiter.

Meine Antwort mag dir ein wenig umständlich erscheinen, aber es handelt sich um das Vorspiel zu tiefer gehenden Forschungen, die wir im Verlauf dieses Buchs noch vor uns haben.

Eure Innenwelt

Ihr alle habt ein Innenleben, ob ihr es zugebt oder nicht. Ihr alle seid in die Dramen der Unterwelt des menschlichen Bewusstseins mit all seinem subliminalen Geschehen verwickelt. Erinnerungen daran bewegen euch im Schlaf, und manchmal staunt ihr über die eigentümliche Symbolik, die euch da begegnet. Aber dieses nichtphysische Universum ist stets und ständig »in Betrieb«, ob ihr es wahrnehmt oder nicht. Auch tagsüber, wenn ihr eurer Arbeit und den alltäglichen Dingen nachgeht, spinnt sich diese unerkannte Wirklichkeit des Geistes jenseits eurer Körpersinne weiter. Dieses ätherische Gegenstück eurer physischen Realität ist sogar das, was die Lebendigkeit eurer alltäglichen »normalen« Wahrnehmung ausmacht. Es handelt sich, kurz gesagt, um ein Zusammenspiel eurer Wach- und Schlaf-Realität, das euch über die Lerninhalte auf dem Laufenden hält, für die ihr euch inkarniert habt.

Um ein Gefühl für diese komplementäre nichtphysische Realität zu bekommen, müsst ihr nur in einer möglichst entspannten und offenen Geistesverfassung ein paar Fragen nachgehen. Die nichtphysische Realität steht jedenfalls ständig im »Bühnenhintergrund« bereit, um sich in dem Leben, das ihr hier und jetzt führt, zu bekunden.

Wie ich in diesen neuen Büchern bereits verschiedentlich angedeutet habe, stoßen die meisten unserer Leser nicht zufällig auf dieses Material, sondern es geht um Anstöße für den Zugang zu den inneren Sinnen. Zu dem Zweck erhaltet ihr jetzt schon eine Vorschau auf den nächsten großen Durchbruch in der Wahrnehmung der Menschheit, und der wird in der Erforschung der Dimension des geeinten Bewusstseins bestehen. Eure Innenwelt wird sich im Außen bekunden, wie es die Menschheit nie zuvor erlebt hat. Und ihr habt hier die Chance, über dieses Neuland schon im Voraus etwas zu erfahren, sodass ihr, falls ihr euch dazu berufen fühlt, als Helfer bereitstehen könnt, wenn es um das Erwachen anderer geht. Sprechen wir also von möglichen Brücken zwischen Innenwelt und Außenwelt.

Wirklichkeitsfelder

Im Zusammenhang mit der Erschaffung der Wirklichkeit ist etwas von großer Bedeutung, was ich als bejahte und verneinte Wirklichkeitsfelder bezeichnen möchte. Eure Überzeugungen entscheiden, ganz einfach ausgedrückt, darüber, was ihr als Bestandteil eures persönlichen Wirklichkeitsfeldes akzeptiert und was nicht. Man könnte auch sagen, dass ihr – als Schöpfer eurer persönlichen Welt – ständig auf die diversen Themen eurer Weltanschauung zurückgreift. In jedem Augenblick wählt ihr aus unzähligen Wahrscheinlichkeiten diejenigen aus, die zu eurem bestehenden persönlichen Wirklichkeitsfeld passen. Dadurch überführt ihr diese ausgewählten Wahrscheinlichkeiten aus ihrem potenziellen Zustand in einen wahrscheinlichen und schließlich in einen realen. So wird eure persönliche Wirklichkeit mit der Zeit Stabilität und Dauerhaftigkeit bekommen.

Nun lernt ihr in der dreidimensionalen Wirklichkeit aber auch ständig dazu, und das bedeutet, dass sich im Gefüge der von euch bejahten und verneinten Wirklichkeitsfelder durchaus etwas ändern kann. Nehmen wir als Beispiel einen Menschen, der sich um spirituelle Dinge bisher noch nicht gekümmert hat. Er oder sie lebt ein im Wesentlichen materialistisches Leben. Man hat keine Kinder gezeugt, Familienbande bedeuten nicht viel und aus dem Freundeskreis kommen auch keine echten Anstöße. Arbeit, Shopping, Fernsehen. Diese Beschreibung könnte auf viele Millionen Menschen in eurer westlichen Welt passen. Das von ihnen akzeptierte Wirklichkeitsfeld, in dem sie sich mit der Zeit gut auskennen und das sie auch für die Zukunft erwarten, bietet Raum für ein automatisches, roboterhaftes Dasein, mehr nicht. Der Innenwelt wird so gut wie gar keine Aufmerksamkeit geschenkt. »So ist das Leben nun mal.«

Aber nehmen wir jetzt an, dem höheren Ich eines dieser Menschen sei es doch gelungen, für ihn etwas in die Wege zu leiten, was seinen Blick kurzzeitig nach innen lenkt und ihm zu einer flüchtigen Begegnung mit seinem Seelen-Ich verhilft. Für diesen Augenblick strömt höheres Wissen in sein Bewusstsein ein. Und etwas später hat er unerklärlicherweise keine Lust, vor dem Fernseher zu sitzen, sondern entschließt sich, sehr ungewöhnlich, zu einem Waldspaziergang. Im Wald taucht er in die Energieströmungen dieser so lebendigen Umwelt ein. Er fühlt sich auf ganz ungewohnte Weise von tief innen her neu belebt und kommt dadurch vielleicht auf die Idee, solche Spaziergänge in Zukunft regelmäßig zu machen.

Erkennt ihr, wie dieser unverhoffte Entschluss, eine unter unzähligen Wahrscheinlichkeiten, diesem Menschen neues Leben beschert? Vielleicht ist das einer der Lerninhalte, für die er sich auf der Erde inkarniert hat. Vielleicht ging es darum, neue Energie in der Natur zu finden, damit sich sein Bewusstsein weitet und er Schwung für eine höhere, das Leben bejahende »Umlaufbahn« bekommt.

Ich habe das Beispiel bewusst einfach gehalten; natürlich ist der Prozess der Auswahl aus der Fülle wahrscheinlicher Ideen und Vorgehensweisen sehr viel komplexer. Stellen wir uns einen Computer vor, leistungsfähiger als jeder andere Computer der Welt. Dieser hypothetische Computer sei in der Lage, Sekunde für Sekunde unendliche Mengen von Wahrscheinlichkeiten durchzuspielen und ebenso viele Entscheidungen zu treffen. Alle diese Entscheidungen würden – wir blicken jetzt zurück auf den Mann, der sich eines Tages anders entschied – zum bestehenden Glaubenssystem passen und es kontinuierlich bestätigen und verifizieren. Der Waldspaziergang nun entspricht – zumindest im Laufe der Zeit – dem Übergang von einem verneinten Wirklichkeitsfeld in ein bejahtes Wirklichkeitsfeld. Einfacher gesagt: Er wird in das persönliche Wirklichkeitsfeld dieses Mannes integriert.

Dialog – 9. April 2004

Impulse aus anderen, simultanen Leben – sind das Inspirationen, wie wir vielleicht sagen würden, kreative Gedanken?

Du bist da auf der richtigen Spur. Solche Impulse sind in der Tat Inspirationen und in dem Maße kreativ, wie ihr sie erkennt und für die Erschaffung eurer Welt nutzt. Aber wie schon erwähnt, für viele Menschen sind solche Impulse

»Einflüsterungen des Teufels« oder zumindest irgendwie abwegig, sodass man sie besser unterdrückt oder ignoriert. Hier ist natürlich zu berücksichtigen, dass ungute Wesenheiten in diesem vielfältigen Stimmengewirr telepathischer Kommunikationen auch immer gern ein Wörtchen mitreden. Dagegen helfen einfache Schutzmaßnahmen, nämlich deine eigenen positiven Gedanken, mit denen du deine Ausflüge in diese Bewusstseinsbereiche begleitest. Eine sehr wirksame Gegenmaßnahme besteht darin, dich vor solchen Experimenten, aber auch vor Meditationen mit weißem Licht zu umgeben. So richtest du dich auf das Positive aus, und siehe da, es gelangen dann auch nur positive schöpferische Impulse in dein Blickfeld. Das ist simpelste Metaphysik, Mark. Du siehst das, worauf du ausgerichtet bist. Du erschaffst deine Wirklichkeit selbst.

Inspiration

Für euch Menschen in den wohlhabenden Ländern, insbesondere in den Vereinigten Staaten, ist es nicht schwer, euch als Individuen zu sehen. Der Einfluss der Wegbereiter eurer Gesellschaft ist für euch noch deutlich spürbar, und so seht ihr euch gern als unabhängige Erforscher eurer persönlichen Sphäre. Deshalb geht ihr auch davon aus, dass euer geistiges Leben ganz allein euch selbst gehört, und obwohl die Privatsphäre allenthalben immer weiter zusammenschrumpft – eure Gedanken, denkt ihr, gehören doch immer noch euch.

Aber, lieber Leser, deine Gedanken sind längst nicht in dem Maße deine eigenen, wie du meinst. Im Gesamthaushalt des Bewusstseins, den ich dir vor Augen zu führen versuche, empfängst du auch Gedanken aus deinen simultanen

Leben, Gedanken und Anregungen von Lichtwesen und schließlich Einflüsterungen Schaden stiftender Wesenheiten und die telepathisch empfangenen Gedanken deiner Mitmenschen.

Deine Gedanken sind lebendig. Jeder deiner Gedanken – auch was dir von Energiewesen und deinen Mitmenschen übermittelt wird – besitzt die Neigung, in der äußeren Wirklichkeit Gestalt anzunehmen. Deine Gedanken sind die wirkmächtigsten Energiegebilde deiner Wirklichkeitssphäre, weil sie bestimmte Eigenschaften besitzen, nämlich das »Verlangen« sich mit anderen, ähnlichen Gedanken zu verbinden und die energetische Anlage, Raum und Zeit zu transzendieren.

Leider fängt euer Erdendasein meist damit an, dass ihr die Kraft des schöpferischen, das heißt des manifestierenden Denkens an andere abgebt, seien es Einzelne oder Institutionen. Dafür bringt man euch bei, die Kraft eures Denkens im Sinne der Realitätsvorstellungen dieser Institutionen – Familie, Kirche, Wirtschaft, Staat – anzuwenden. Viele müssen die Vision von Liebe und Uneigennützigkeit, mit der sie in eure Welt kamen, aufgeben, und so wird es manchem meiner Leser vielleicht so gehen, dass er sich jetzt erst wieder an den Idealismus seiner frühen Manifestationsbestrebungen erinnert. Das kann zum Beispiel in der Schaffung imaginärer Spielkameraden bestanden haben. Über Geist-Führer im Kindesalter werde ich in späteren Bänden noch mehr zu sagen haben. Macht euch einstweilen nur klar, dass ihr in der Sphäre eures persönlichen Bewusstseins vielfältige Möglichkeiten habt, Beziehungen zu imaginären Wesen zu knüpfen.

Besondere Impulse

In meinem ersten Buch seit meiner Rückkehr auf den Buchmarkt habe ich dir bildhaft vor Augen geführt, wie du positive, liebevolle Energie in deine simultanen Leben schicken kannst (Übung 9, S. 159). Mit dem Experiment am Ende dieses gegenwärtigen Kapitels wird sich ein Kreis für dich schließen, wenn du bewusst wahrnimmst, dass Antworten kommen, und zwar in Gestalt besonderer Impulse. Die werden nicht schwer zu erkennen sein. An jedem Tag deines Lebens hast du Impulse ohne Zahl, die alle um deine Aufmerksamkeit wetteifern. Aber die besonderen Impulse, von denen hier die Rede ist, sind mühelos an ihrem positiven, fördernden Charakter zu erkennen.

Bei solch einem Impuls hast du augenblicklich ein Gefühl von »richtig«, du fragst dich vielleicht, weshalb du nicht längst darauf gekommen bist. Solche »Einfälle« haben etwas unbestreitbar Liebevolles an sich. Dabei handelt es sich letztlich um die liebende Energie von Allem-Was-Ist, die über deine simultanen Leben zu dir gelangt und die du empfangen kannst, wenn dein Bewusstsein auf die Gesamtheit aller deiner simultanen Leben ausgerichtet ist.

Mit solchen Impulsen können sogenannte Synchronizitäten verbunden sein. Unter »Synchronizität« versteht man ein merkwürdiges und oft als wunderbar und staunenswert empfundenes Zusammentreffen von Umständen, das nicht als zufällig, sondern tief bedeutungsvoll erlebt wird. Alles fügt sich in deinem Leben plötzlich so, dass du etwas ganz Neues lernst. Solche Synchronizitäten und damit Lebenslektionen kannst du auch bewusst herbeiführen. Die Experimente am Schluss dieses Kapitels werden dir zeigen, was gemeint ist.

Stark vereinfacht dargestellt, befindest du dich im aktuellen Augenblick deines gegenwärtigen Lebens im Zentrum deiner Bewusstseins-Ganzheit aller deiner simultanen Leben. Du schickst Energie in deine vergangenen, gegenwärtigen und zukünftigen Leben. Sie wird in allen diesen Leben als Impulse empfangen, und du empfängst von dort Impulse. In deinem gegenwärtigen und sämtlichen simultanen Leben wird – nach dem Prinzip der Willensfreiheit – diesen Impulsen entsprechend gehandelt oder eben nicht. Das Wechselspiel gesendeter und empfangener Impulse macht einen Großteil dessen aus, was du als »Bewusstseinsgeschehen« bezeichnen würdest.

Wenn du dich – als derjenige, der dies hier jetzt liest – auf einen Dialog mit deinen simultanen Leben einlässt, lernst du von den anderen Ich-Persönlichkeiten, die alle diese Existenzen *leben*. So wie ich, Seth, eben jetzt durch meine menschlichen Entsprechungen in meine »Vergangenheit« zurückkehre, um euch über die sehr, sehr ernste Frage eures Überlebens und des Überlebens eurer Erde zu unterrichten, dienen die als Impulse gegebenen Mitteilungen aus deinen simultanen Leben dir, dem Leser, als Entscheidungshilfe für ein angemessenes Handeln, mit dem du dein Leben in für dich günstige Bahnen lenken kannst. Ich möchte hier wiederholen, was solche Mitteilungen und alle Mitteilungen deines höheren Ich aus meiner Sicht sind: Es sind Botschaften mit wohlwollender und liebevoller Absicht, und daran erkennst du sie als Äußerungen deines höheren Ich. Hier gilt wie überall das Prinzip der Freiwilligkeit. Du kannst diesen Impulsen entsprechend handeln oder sie ignorieren.

Deine simultanen Leben

Vielleicht kann diese grafische Darstellung dir ungefähr veranschaulichen, wie der ständige Austausch von Impulsen und Energie zwischen dir und deinen simultanen Leben abläuft. Du bist hier gleichsam als das Herz dieses Wechselspiels dargestellt. Du nimmst das Zentrum deiner Bewusstseins-Ganzheit ein, jenes energetischen Geflechts aus empfangenen und gesendeten energetischen Impulsen zwischen deinem jetzigen Ich und dem, was du in allen deinen simultanen Leben bist. Diese Bewusstseins-Aktivität ist eingebunden in die schöpferischen Liebes-Energien von Allem-Was-Ist. Und die Gesamtheit aller dieser Energieströmungen in deinem Bewusstsein zu irgendeinem bestimmten Zeitpunkt ist das, was jeweils gerade in dir vorgeht. Wenn du das Diagramm als Meditationsvorlage benutzt, während du diesen Ideen nachgehst, wirst du hier vielleicht viel tiefere Bedeutungen entdecken, als ich dir mit meinen Erklärungen nahelegen könnte.

Marks Vorfahr

Wie du solche Impulse in deinem jetzigen Leben erfährst, lässt sich am besten an einem Beispiel zeigen. Nehmen wir Mark und einer seiner männlichen Vorfahren. Vor ein paar Jahren hat Mark über diesen Mann aus der Familie seiner Mutter recherchiert, und als er die Ergebnisse seiner Ermittlungen in den Computer schrieb, erlebte er ein paar aufregende Episoden aus dem Leben dieses Mannes nach. Es war nicht einfach so, dass er sich mit viel Fantasie in die Zeit und Lebensumstände dieses Vorfahren hineinversetzte. Nein, Mark hatte wirklich Verbindung zu diesem Mann.

[Bei dem, was ich da in den Computer schrieb, handelte es sich um Aufzeichnungen einer Ur-Urenkelin des betreffenden Mannes. Ich wollte für den Erhalt dieser Notizen sorgen und habe auch Ausdrucke in meiner Familie verteilt. Die Geschichte beinhaltet kurz gesagt Folgendes. Dieser Mann aus der Familie meiner Mutter führte eine Schar von Mormonen aus dem Osten der Vereinigten Staaten nach Utah, wo sie sich in ihrem »gelobten Land« niederließen. Er muss ein sehr interessantes Leben geführt haben und starb an einer schweren Armverletzung. Erst neuerdings sind mir Übereinstimmungen aufgefallen: Er führte seine Leute ins gelobte Land; Seth und ich möchten die Menschen in die vierte Dimension führen. Mir kam auch der Gedanke, dass mein Vorfahr bei der Kontaktaufnahme mit mir möglicherweise mit einem Engel zu kommunizieren glaubte.]

Sehen wir uns das einmal etwas näher an. Ich habe in früheren Büchern dargestellt, was es mit dem Verlauf menschlicher Beziehungen über Generationen hin wirklich auf sich hat. Eure vielen Leben sind *simultan*, und ihr, die ihr eben jetzt dieses Buch hier lest, befindet euch einfach an einem bestimmten Punkt eines eurer simultanen Leben. Es handelt sich um *einen* Punkt der Kraft unter buchstäblich Abermillionen wahrscheinlichen und realisierten Punkten der Kraft in deinem »Einzugsbereich«, lieber Leser. Nehmen wir also an, dass Mark sich an diesem gegenwärtigen Punkt der Kraft befindet, an dem er mein Diktat aufnimmt, während er zugleich zu zahllosen anderen Punkten der Kraft in allen seinen früheren, gegenwärtigen und künftigen simultanen Leben in Beziehung steht. Und während Mark nun die Abenteuer seines Vorfahren nacherlebte, befand er sich in diesem einige Jahre zurückliegenden Augenblick zugleich *in* der Realität dieses Vorfahren und erlebte sie von dessen Jetztpunkt aus. Mit anderen Worten: Während er die Aufzeichnungen in den Computer übertrug, hatte er an den tatsächlichen Erlebnissen dieses Mannes an dessen Punkt der Kraft teil. Und dies ist keine Umschreibung: Es ist buchstäblich so.

So erstaunlich es für manche meiner Leser klingen mag, dergleichen geht in eurem Leben ständig vor sich. Ihr »verlasst den Körper«, um einen eurer Ausdrücke aufzugreifen, und macht Interdimensionalreisen, um an solchen Erlebnissen teilzuhaben. Das kann sogar während eines Gesprächs mit irgendjemandem passieren und ist völlig normal. Der Blick wird ein wenig glasig, ein Zeichen dafür, dass der Betreffende »unterwegs« ist und gerade einen an-deren Zeitrahmen erlebt.

Eure Wissenschaftler werden so etwas vielleicht patho-logisch nennen wollen, sie werden es als Dissoziation, als Fantasien, als Eskapismus bezeichnen – und dabei voll-kommen übersehen, was eigentlich geschieht. Ich will hier keine meiner berüchtigten Kritiken vom Stapel lassen, aber so viel sei doch gesagt: Solange eure Wissenschaftler sich einfach weigern, ihre empirische Nase auch mal nach innen zu richten, werden sie rein gar nichts von der Wahrheit des menschlichen Bewusstseins oder des Menschseins über-haupt oder gar der menschlichen Seele erschnüffeln.

Leise Beharrlichkeit

Wenn es um die Erforschung der Seele geht, könnt ihr sehr viel mit unangestrengtem, leisem und doch beharrlichem Bemühen erreichen. Unsere ersten Experimente für den Zu-gang zu euren inneren Sinnen sind Übungen der subtilen kleinen Schritte. Widmet euch diesen Dingen in der Erwar-tung, dass sich erst nach und nach Resultate einstellen wer-den. Die Wolken werden sich in den meisten Fällen nicht schon nach ein paar Versuchen teilen und euch die ätheri-sche Schau eröffnen.

Mir ist klar, dass dieser Weg der subtilen kleinen Ent-deckungen für diejenigen unter euch, die auf schnelle Er-gebnisse aus sind, schwierig sein kann. Manch einer wird diesem typisch westlichen Konsumdenken anhängen, dass etwas, was nicht sofort und nach meinem Zeitplan (weil ich ja so viel zu tun habe) zum Erfolg führt, gar nicht erst der Mühe wert ist. Allen davon Betroffenen sage ich: Nehmt euch die Zeit, die bei diesem Seelen-Werk nötig ist, damit ihr euer Ziel wirklich erreichen könnt. Habt ihr nicht Sprichwörter genug, die euch sagen, dass geduldiges Abwarten nötig ist, damit das wirklich Gute in eurem Leben sich herausbilden kann? Im Übrigen liegen die Tage der augenblicklichen Manifestation ja wirklich in dem bereit, was ihr Zukunft nennt. Diese Experimente werden sich dann als vorteilhaft erweisen, wenn ihr erfahren genug seid, um eure inneren Sinne gezielt für die augenblickliche Manifestation eurer Realitätsgebilde zu nutzen.

Lasst mich also noch einmal betonen, dass diese Experimente allesamt dazu da sind, euch zur Entdeckung und zur praktischen Nutzung eurer inneren Sinne zu führen. Diese inneren Sinne sind das, was man auch ganz allgemein »Intuition« nennt. In früheren Büchern habe ich mich darüber ausgelassen, wie man an dieser Intuition diverse innere Sinne unterscheiden kann, ich habe sie sogar benannt. Das dürfte in gewissem Sinne [schmunzelnd] ein Fehler gewesen sein, denn es sind seitdem ein paar Jahrzehnte ins Land gegangen, und ich warte immer noch darauf, dass meine vielen Leser endlich praktischen Gebrauch von meinen Darlegungen machen. Diesmal bleiben wir einfach bei der schlichten Formulierung »innere Sinne« und lassen jeden Leser seine eigenen Bezeichnungen finden, wenn er durch praktisches Lernen Einblick in die Züge und Besonderheiten dieser Sinne gewonnen hat.

Dialog – 4. April 2004

Ich habe so meine Schwierigkeiten mit manchen esoterischen Ideen, zum Beispiel mit Begriffen wie »Astralreise« und »Seelen-Werk«. Kannst du dazu etwas sagen?

Astralreise, wie ihr das nennt, ist bei euch gar nichts Ungewöhnliches. Es kann etwas sehr Erfrischendes sein, wenn du zum Beispiel einen sehr anspruchsvollen Arbeitstag hinter dir hast. Du springst einfach, wie ich schon sagte, kurz von deiner Körperlichkeit ab und treibst dich auf den subtilen Ebenen herum, und das kann sogar während eines Gesprächs oder anderen gemeinsamen Aktivitäten sein. Ich weiß, Mark, dass du den Ausdruck »Astralreise« ein bisschen anrüchig findest, vielleicht weil du ihn mit esoterischem Geschwafel oder Scharlatanerie und dergleichen verbindest. Du hast im Hinterkopf diese Sorge, man könnte dich als Scharlatan abstempeln, und tatsächlich bist du in mehreren deiner simultanen Existenzen der Hexerei bezichtigt und verurteilt worden. Das sind natürlich Leben in anderen »Zeitepochen«, wie ich hinzufügen muss. Es handelt sich also in diesem Fall um ein mitgebrachtes Vorurteil.

Diese Anmerkungen müssen nicht unbedingt ins Buch, könnten aber nützlich sein, wenn du bereit bist, dich zu zeigen. Ist das ganz klar?

Ja, Seth, sehr klar. Es macht mir nichts aus, das im Buch zu bringen. Ich glaube wirklich, dass ich allmählich für mein vieldimensionales Sein aufgeschlossen bin. Was meinst du?

Ja, du machst dich wirklich gut Mark, Bestnote für dich. Um aber im Buchtext fortzufahren … und das hier wird eine hübsche Überblendung ergeben, wenn du es für das Buch verwendest …

Intention

Nimm also wahr, lieber Leser, wie sich unser Freund Mark für die größere Wirklichkeit seiner selbst bereit macht, indem er sie einfach bejaht. So macht man das: mit seinen Gedanken. Ist es nicht bei allem anderen in deiner Wirklichkeit auch so? Nimm dir vor, dich unserem Gedanken der simultanen Leben aufgeschlossen zu nähern, und es werden sich bald die ersten Beweise für deren Realität zeigen.

Ohne nun auf dem Beispiel von Mark und seinem illustren Vorfahren herumzureiten, lässt sich doch sagen, dass Mark einem *Impuls* folgte, die vorhandenen Notizen in eine lesbare Form zu bringen. Die Stimme seiner Intuition sprach ihn an und versicherte ihm, es gebe da allerlei Wertvolles und Interessantes zu bergen. Woher kam diese Stimme? Nun, in diesem Fall – und das ist bei solchen Phänomenen keineswegs die Regel – war es tatsächlich die Stimme jenes Vorfahren. Der Mann streckte sich über alle Zeitzonen hinweg in seine Zukunft, um Mark zu kontaktieren und zu dieser Arbeit zu motivieren. Klingt das fantastisch? Ja, es wird wohl für euch in eurer Realität einstweilen unglaubwürdig bleiben und daher nicht wahrgenommen werden.

Vielleicht könnt ihr euch durch die folgenden Experimente selbst vor Augen führen, dass ihr *jetzt schon* aktiv in dieser nichtstofflichen Wirklichkeit mitmischt.

EXPERIMENT:
DIE INNEREN SINNE ENTDECKEN

Hypothese: Intuition ist trainierbar.

Was sind nun diese inneren Sinne? Sie sind, auf den kürzesten Nenner gebracht, sowohl die Schöpfer eurer Welt als auch das, was diese Welt wahrnimmt. In eurer dreidimensionalen Existenz baut ihr aus Bewusstseinseinheiten eure physische Realität auf und nehmt – als eine Art Feedback bei diesem Unterfangen, der Erschaffung von Welten – eure Schöpfungen dann augenblicklich wahr. In früheren Büchern habe ich euch immer wieder auf euren göttlichen Status hingewiesen. Menschen tun sich schwer, solche Worte von ihren gottähnlichen Fähigkeiten ernst zu nehmen, denn in der Regel seid ihr von euren Religionen zu Unterwürfigkeit, Gehorsam und Demut erzogen worden. Und wie ich im ersten Band dieser neuen Reihe dargelegt habe, gebt ihr eure Macht erst an eure Religion und anschließend an eure Regierungen und Wissenschaftler ab. Hier möchte ich euch nun nahebringen, dass ihr nicht unterwürfig, gehorsam und demütig seid – es sei denn, ihr wollt es so. Jeder von euch ist, was er zu sein *glaubt*, und ihr habt in diesem Augenblick die Macht, etwas vollkommen anderes aus euch zu machen. DU bist nämlich das Zentrum deiner Welt und ihre wahre schöpferische Kraft. Mit der Energie von Allem-Was-Ist erzeugst du, als Mitschöpfer, aus deinen Überzeugungen, aus deinen Vorstellungen von möglich und unmöglich die Realität, die du anschließend wahrnimmst.

Aber ich komme schon wieder ins Dozieren [schmunzelnd] und will deshalb lieber unser nächstes Experiment kurz umreißen. Es baut auf einer simpleren Übung des ersten Buchs auf, bei der ich den Leser aufgefordert habe, das Wunder seiner gesamten persönlichen Wirklichkeit zu erspüren (Übung 4, S. 76). Hier gehen wir nun einen Schritt weiter. Wir werden die äußeren Sinne in die Innenwelt zurückführen.

Wie ich im ersten Kapitel dargelegt habe, mussten die körperlichen Sinne aus den inneren Sinnen hervorgehen, damit ihr das äußere, stoffliche Universum wahrnehmen könnt. Die inneren Sinne, von denen eure Körpersinne abstammen, warten darauf, dass ihr sie wieder findet *und benutzt.*

1. Ritual: Schaffung eines geschützten Freiraums.

2. Experiment: Du besitzt fünf körperliche Sinnesvermögen, du kannst sehen, hören, schmecken, berühren und riechen. Eure inneren Sinne sind den äußeren komplementär, vermögen jedoch weitaus mehr. Versuchen wir als Beispiel ein Gespür für den inneren Sinn zu bekommen, der dem körperlichen Sehvermögen entsprechen könnte.

Du kannst dich ein wenig entspannen, hältst jedoch die Augen offen. Bei diesem Experiment brauchen wir dein körperliches Sehvermögen. Mit offenen Augen, aber eben so entspannt, wie du in dem von dir geschaffenen heiligen Raum natürlicherweise bist – kannst du in dieser Verfassung die tieferen, vielleicht symbolischen Bedeutungsebenen deines persönlichen Wirklichkeitsfelds sehen? Erinnere dich: Alles in deinem Wahrnehmungsfeld ist Abbild einer inneren Wirklichkeit. Mit dieser Aussage im Sinn wirst du vielleicht feststellen, dass es in deinem Gesichtsfeld ein wenig zu wogen oder wabern beginnt – ein Zeichen dafür, dass das Ätherische mit dem Äußeren zu verschmelzen beginnt. Überlass dich für ein paar Augenblicke diesem Strom der Verwandlung, bis du klare Eindrücke gewonnen hast. Dann kehrst du langsam in deine gewohnte Wahrnehmungswelt zurück. Natürlich kannst du weitere Experimente für die Entsprechungen der übrigen Sinne anstellen, um ein besseres Gesamtbild zu bekommen.

3. Ergebnisse: Halte alles fest, was du erlebt hast.

EXPERIMENT:
BESONDERE IMPULSE ERKENNEN

Hypothese: Bei manchen Gedanken handelt es sich um besondere Impulse, die von deinen simultanen Leben ausgehen.

Dieses Experiment kannst du eigentlich jederzeit machen, es kann deinen gewohnten Tagesablauf begleiten. Manchem von euch wird schon aufgefallen sein, dass euer Leben weitgehend Routine ist, ihr lebt euren Gewohnheiten entsprechend, es hat beinahe etwas vom Traumzustand. Aber plötzlich tut sich dann etwas in eurem Bewusstsein, was eure Gewohnheitsmuster durchbricht. Ein unverhoffter Gedanke geht dir, meinem Leser, durch den Sinn, und auf einmal scheint dir, dass du deinen Kurs ohne Weiteres ein wenig ändern und deinem Leben einen anderen Verlauf geben könntest.

Solch ein Impuls kann sehr schlichter Natur sein, zum Beispiel die plötzliche Eingebung, dein Frühstücksmüsli zu ändern. Aber es kann auch plötzlich der drängende Gedanke auftauchen, eine Beziehung zu beenden, die schon seit einiger Zeit nicht mehr funktioniert. Einfälle dieser Art erschließen dir oft neue Möglichkeiten, und erst im Nachhinein – vielleicht nach Monaten oder Jahren – erkennst du, dass sich dein Leben vollkommen geändert hat, weil du diesem Impuls damals folgtest. Staunend nimmst du wahr, wie diese scheinbar unbedeutende Kursänderung ganz andere Ereignisse in Gang setzte, die zu völlig neuen und oft besseren, lebendigeren Ergebnissen führten, als du auf dem Weg deiner alten Verhaltensgewohnheiten hättest erwarten können.

Um diese besonderen Impulse geht es in unserem Experiment. Es können wirklich Impulse aus deinen simultanen Leben sein, die dir Anregungen zu produktiverer Realitätsgestaltung in deinem Leben geben wollen.

1. Ritual: Schaffung eines geschützten Freiraums.

2. Experiment: Sorge mit einer Technik, die dir liegt, für körperliche Entspannung. Es gibt zwei Vorgehensweisen, um sich besonderer Impulse bewusst zu werden:

Du kannst von deinem Jetzt-Augenblick aus den Blick in die Vergangenheit richten und nach einem besonderen Impuls Ausschau halten, den du seinerzeit bemerkt und befolgt hast und der dich in eine andere, bessere Richtung brachte. Dir wird der Gesamtzusammenhang bewusst werden, in dem dieser »Handlungs-Katalysator« dich erreichte. Bediene dich deiner Vorstellungskraft, um diesen Zusammenhang – das heißt die äußeren und emotionalen Umstände – in deinem Jetzt-Augenblick wiederherzustellen. Betrachte diese besonderen Impulse, bei denen es sich um Mitteilungen anderer Anteile deiner selbst handeln könnte, mit deinem Jetzt-Bewusstsein. Notiere alles. Handle nach diesen Impulsen, wenn das dein freier Wille ist.

Wenn dir kein besonderer Impuls einfällt, den du in Handlung übersetzt hast, überlässt du dich einfach deiner Entspannungsmeditation und bittest darum, dass sich besondere Impulse deinem Bewusstsein präsentieren mögen. Notiere sie und handle danach oder nicht, wie du willst. Diese Übung wird dir manches an »bemerkenswerten Zufällen« bescheren, du wirst auf amüsante Dinge stoßen und Grund zu ehrfürchtigem Staunen haben.

3. Ergebnisse: Dokumentiere gewissenhaft alles, was du hier zutage förderst.

EXPERIMENT: SYNCHRONIZITÄTEN HERBEIFÜHREN

Hypothese: Du kannst »Zufälle« innerhalb deines persönlichen Wirklichkeitsfelds vorausahnen, herbeiführen und sogar aufrechterhalten.

In diesem Experiment wirst du Ereignisse in deinem persönlichen Wirklichkeitsfeld herbeizuführen versuchen, die man normalerweise als »zufälliges Zusammentreffen« bezeichnen würde. Das geht am besten in deinem Jetzt-Augenblick. Wenn es dir zur Gewohnheit geworden ist, dein Bewusstsein zu beobachten und dabei im Auge zu behalten, was sich zugleich in deiner äußeren Umwelt abspielt, wird es dir immer leichter fallen, solche Koinzidenzen vorauszusehen. Du wirst spüren, wie sie aus der Zukunft auf dich zukommen. Das heißt aber, dass du solche künftigen Ereignisse von deinem Jetzt-Augenblick aus erschaffst, nicht wahr? Solche Ereignisse werden dich erstaunen und vielleicht amüsieren, jedenfalls wirst du diese Forschungen mit Begeisterung fortsetzen wollen. Vergiss bei diesem Experiment nicht, dass du solche Vorkommnisse und die begleitenden Gefühle mithilfe deiner Intention für einige Zeit aufrechterhalten kannst.

1. Ritual: Schaffung eines geschützten Freiraums.

2. Experiment: Wähle irgendetwas in deinem gegenwärtigen Wahrnehmungsfeld für dieses Experiment aus. Sag dir zum Beispiel, dass der Vogel in dem Baum vor dir jetzt in ein »zufälliges« Zusammentreffen mit irgendetwas anderem eingebunden sein wird. Und jetzt beobachte genau, ob sich in deinem Gesichtsfeld irgendwo eine Verbindung herstellt. Du benutzt hier deine Intention, um irgendein gleichzeitiges Ereignis herbeizuführen, welches dann aus Bewusstseinseinheiten hergestellt und dir deinem persönlichen Wirklichkeits-

feld zur Betrachtung präsentiert wird. Anschließend kannst du auf dieselbe Weise ein drittes und weitere gleichzeitige Ereignisse herbeiführen. Es ist ein herrliches Spiel, ein Spaß, den du dir immer wieder für ein paar Minuten gönnen kannst.

3. Ergebnisse: Zeichne alles auf, was dir bei diesem Experiment begegnet.

4 Zur Energiepersönlichkeit Kontakt aufnehmen

Dialog – 17. Juni 2004

Seth, kannst du mir irgendwie handgreiflich beweisen, dass deine Aussagen zutreffen?

Schlagende Beispiele, Mark. Es wimmelt doch ringsum von Beweisen. Es ist gerade erst ein paar Minuten her, dass du Informationen von einem zurzeit bewusstlosen [die Person lag im Koma] Bekannten haben wolltest und sie bekommen hast. Kommunikation dieser Art wird in ein paar Jahren etwas völlig Normales für euch Menschen sein, unter anderem deshalb, weil wir den Leuten vermitteln werden, wie man diese Kommunikation aufbaut. Je genauer du deine Realität betrachtest – das persönliche Wirklichkeitsfeld, das du gemäß deinen Überzeugungen zusammen mit Allem-Was-Ist erschaffst –, desto mehr Beweise für das, was ich seit Jahrzehnten sage, wirst du finden. Jeder Wahrnehmungs-Augenblick kann als plastisches Beispiel für diese Umsetzung von Gedanken in stoffliche Form dienen, um die sich alle meine vielen Botschaften an euch in eurer Dreidimensionalität drehen. Da wirst du den Beweis finden. Du erbaust deine stoffliche Realität nach den Plänen, die durch deine Überzeugungen gegeben sind.

Die Energiepersönlichkeit

Die Energiepersönlichkeit, sie steht mit der Seele in Zusammenhang, wird für diejenigen von euch, die den Übergang in die Dimension des geeinten Bewusstseins »mit offenen Augen« vollziehen, der ätherische Lehrer sein. Ihr werdet meine neuen Bücher gelesen oder von mir oder anderen Energiepersönlichkeiten Botschaften empfangen und die Ratschläge befolgt haben. Viele von euch haben, ohne es bewusst wahrzunehmen, bereits Anweisungen zu den wichtigen Themen erhalten, zum Beispiel wie eure inneren Sinne zu benutzen sind, was in der vierten Dimension zu erwarten ist, wie man Angst und Zorn überwindet und zu Liebe und Zuversicht findet. Im Traumzustand werdet ihr von denen unter uns, die auf der subtilen Ebene lehren, nach und nach entsprechend vorbereitet.

Und jetzt liest du also dieses Buch, vielleicht mit einem eigentümlich vertrauten Gefühl, einer Art Déjà-vu, als hättest du das alles schon einmal erlebt, begleitet von einem wohligen Empfinden von »elementarer Ekstase«, wie mein Freund Mark es nennt. Deine Welt – sprich: die von dir erschaffene Realität – umfasst mehr und ist komplexer, als du meinst. Ihr alle habt physische und »metaphysische« Lehrer, und es ist jetzt an der Zeit, euch mit euren metaphysischen Führern bekannt zu machen, die euch seit eurer Geburt in die Dreidimensionalität begleiten.

Wenn du deine Energiepersönlichkeit aufforderst, sich zu zeigen, kann sich dieses Gefühl von Vertrautheit einstellen. Seit dem Ende deiner Kindheit beteuerst du zwar wacker, dass es keine Geister gibt – Erwachsene haben schließlich keine »imaginären Freunde« –, aber in tieferen Schichten wirst du die Verbindung doch erkennen. Es kann natürlich sein, dass du solche Beziehungen der Welt gegenüber nicht eingestehen magst, weil du Bloßstellung fürchtest, aber es ist, wie ich schon sagte, wirklich so, dass gegenwärtig ein Zyklus der menschlichen Bewusstseinsentwicklung endet und ein neuer beginnt. Nach und nach werdet ihr aufmerksam auf eure Verbindung zu Geist-Führern, simultanen Leben und anderen Energieformen in eurer Bewusstseinsganzheit. Ihr braucht euch nur die Schlagzeilen in den Zeitungen anzusehen, dann wisst ihr, wie viele Veränderungen sich gerade jetzt in eurer dreidimensionalen Realität abzeichnen. Das Ende einer Epoche kündigt sich mit großen Umbrüchen an, und manch einer klammert sich verzweifelt an überholte Glaubenssätze. Doch je mehr ihr am Vergangenen festhaltet, desto wahrscheinlicher werdet ihr in dieser Vergangenheit zurückbleiben, wenn der Übergang vollzogen ist.

Im Traumzustand arbeitet ihr sehr bereitwillig mit eurer Energiepersönlichkeit und anderen Führern zusammen und erzeugt »latente« Realitätsgebilde, die sich beim Erwachen manifestieren. So erschafft ihr zusammen mit Allem-Was-Ist eure Wirklichkeit. Natürlich ist das alles vielschichtiger, als ich es hier darlege, aber das heißt nicht, dass es außerhalb eures Erfahrungshorizonts läge. Die Experimente dieses Kapitels werden das sicherlich klären.

Negative Energien

Wie ich bereits gesagt habe, kann euer Bewusstsein andere Zeitepochen aufsuchen und sogar in anderen Dimensionen aktiv werden, während ihr eurem normalen Alltag nachgeht. Es ist euch, ohne dass ihr es wüsstet, völlig geläufig, euren

Körper zu verlassen und euch in unbekannte Realitäten auf-
zumachen. In eurer New-Age-Literatur tummeln sich Engel,
Dämonen, Außerirdische und was nicht alles. Auch eure
Filmindustrie verdient gut an Science-Fiction- und Fantasy-
Filmen. Aber würdet ihr vermuten, dass diese Geschichten
»buchstäblich« wahr sind? Vergiss nicht, lieber Leser, dass
dein eigenes Bewusstsein Hand in Hand mit Allem-Was-Ist
deine Wirklichkeit erschafft. Diese künstlerische Kreativität
und deine eigene »beliefert« und festigt demnach andere Dimensionen. Für die Zeit, in der du solche Geschichten in
Büchern oder Filmen verfolgst, tauchst du wirklich in andere Dimensionen ein. Kurzum, was die Unterhaltungsmedien
zu bieten haben, stellt die simpelste Form der Interdimen-
sionalreise dar.

Für alle Kontakte zu Wesen in der Vierdimensionalität
lege ich dir dringend ans Herz, dir dein Ritual zur Schaffung
eines geschützten Freiraums genau einzuprägen und es nie-
mals wegzulassen. Als Forscher in diesen Sphären wirst du
ganz sicher auch negativen Energieformen begegnen, die
vielleicht in dein Bewusstsein einzudringen versuchen, um
sich an dein Licht zu heften. Damit meine ich, dass negative
Energien bei dir eine schwer wieder abzuschüttelnde Neigung erzeugen können, in sich selbst kreisende negative Gedanken in dein Bewusstsein einzuschleusen. Du erkennst
diese sich ständig wiederholenden Gedankengänge als plötzliche Anflüge von Grauen und anderen verstörenden Ge-
fühlsregungen. Sie kommen nirgendwoher, es ist kein Anlass
auszumachen. Tatsächlich werden diese negativen Energien
von unerfreulichen Erinnerungen und Gedanken angezogen,
die in deinem eigenen Bewusstsein ihr Unwesen treiben. Das
können Minderwertigkeitsgefühle sein oder auch immer
wieder durchgespielte Fehler, die du einmal gemacht hast –

alle möglichen unguten Regungen kommen infrage, mit denen ihr Menschen euch Tag für Tag peinigt.

So jedenfalls verschaffen sich die dunklen Kräfte Gewalt über das Bewusstsein so vieler in eurer Welt. Sie bauen ihre Festungen in der geistigen Sphäre von Menschen mit geschwächtem Abwehrsystem. Das Immunsystem des ätherischen Körpers ist durch negative Gedanken, Bilder und dergleichen geschwächt, sodass es leicht zu einer »Ansteckung« kommt. Da haben es die »Viren« – in sich selbst kreisende negative Gedanken – leicht, sich zu vermehren. Das Bild ist durchaus passend. Mit unseren Anregungen und Experimenten wollen wir Liebe, Bejahung und Zuversicht als Mittel gegen solche Infektionen ins Spiel bringen. Und das Bild reicht sogar noch weiter: Wenn wir dem geschwächten Immunsystem des mentalen oder ätherischen Körpers positive Gedanken und Gefühle zuführen, regen wir es zur Bildung von Antikörpern an. Liebe, Bejahung und Zuversicht drängen die Viren zurück und schalten sie schließlich aus. Ein mentaler, emotionaler und spiritueller Körper kann nur gesund sein, wenn er *überwiegend* mit Liebe, Bejahung und Zuversicht ernährt wird und diese Bewusstseinsverfassung der Grundzustand der verkörperten Seele ist.

Kontaktaufnahme

Ich bin zuversichtlich, dass unser geschätzter Leser zu glauben geneigt ist, dass wir in diesem Buch wirklich Schritte aufzeigen möchten, die jeder tun kann, um zu meinesgleichen, das heißt zu Lichtwesen, Kontakt aufzunehmen und einen Austausch anzubahnen. Ich bin ein Lichtkörper, reine Energie oder eben Information, und ich möchte der Menschheit dienen, wie andere, eure Geist-Führer, euch persönlich dienen möchten. Mancher wird wissen wollen: »Besteht die Chance, dass ich den ›Sender Seth‹ empfangen kann?« Ja, wenn du zur Seth-Wesenheit gehörst und etliche andere Kriterien erfüllt sind.

Wie ich schon früher erwähnt habe, kommuniziert die unermessliche Seth-Wesenheit mit unzähligen Seelen in eurer Wirklichkeit und in Sphären von anderer Dimensionalität. Manche Empfänger wissen, dass sie angesprochen werden, und nehmen den Dialog auf; bei anderen ist es nicht so, sie fühlen sich einfach nur inspiriert. Mein Rat lautet: Macht euch keine Gedanken, zu wem ihr da Verbindung aufgenommen habt; achtet nur darauf, ob der Kontakt etwas Liebevolles hat, denn daran erkennt ihr, dass es sich um die Energiepersönlichkeit handelt. Ihr werdet das Gefühl erkennen, es ist der Inbegriff von Liebe. Liebe ist ja nicht einfach eine Idee oder ein Ideal, das wäre bloß die gedankliche Seite. Das, wovon ich hier rede, wird im Körper als Ekstase erfahren. Du hast das beinahe ein wenig beengende Gefühl, dass Liebe auf dich eindringt, aber zugleich fühlst du natürlich auch das Wonnige der Liebe. Du wirst es erkennen, wenn es so weit ist. Es kann als eine Woge angenehmer Gefühle empfunden werden, wie ich es Mark schon manchmal beschrieben habe. Aber jeder von euch wird es ein wenig anders erleben. Es ist eure Seele, die hier durchleuchtet. Das Ego wird fallen gelassen, und dann kann euer Seelen-Ich die Welt wahrnehmen.

Ihr befindet euch auf einem Weg der Entwicklung, alle in verschiedenen Stadien der Seelen-Evolution. Die Geister scheiden sich aber in der Frage, ob ihr bereit seid – und das auch wisst –, mit eurer Energiepersönlichkeit gemeinsame Sache zu machen und eure Entwicklung *voranzutreiben*. Mit dieser Entscheidung bringt ihr nämlich die großen Kräfte innen und außen ins Spiel. Ihr sammelt eure Entschlusskraft und schlagt mit der Unterstützung von Allem-Was-Ist einen anderen Weg ein, der vom Schlafzustand zum seelischen Erwachen führt. Mit dem Entschluss, zusammen mit Allem-Was-Ist ein spirituell geleitetes Leben zu erschaffen, entstehen für euch zugleich bessere und schönere Wahrscheinlichkeiten für eure Zukunft.

Dialog – 29. März 2004

Möchtest du etwas über meine Qualitäten als Channel für deine Botschaften sagen?

Ja, Mark. Du fängst eben erst an, so richtig Gespür für die Sache zu bekommen. Meine Bücher sind eigentlich eher Flickenteppiche, Sammlungen kleiner Essays, die wir zusammen verfassen. Du brauchst nicht zu denken, du müsstest soundso viele Seiten pro Sitzung zustande bringen. Wir begnügen uns für den Anfang mit dem, was dabei herauskommt, ja?

Okay.

Du bist ja gerade erst dabei zu lernen, den Faden aufzunehmen beziehungsweise zu halten. Und ich habe dabei auch einiges zu lernen, weil ich die Dinge ja irgendwie in eine Abfolge bringen muss, in der sie dann im Buch erscheinen können. Wenn das nicht gleich gelingt, sieh es mir bitte nach. Wir haben später sicher noch Gelegenheit, das Ganze zu überarbeiten und durch Übergänge und geschickte Gliederung dafür zu sorgen, dass der richtige Fluss entsteht. Während du deine Lehre als Channel absolvierst, stellen wir für unsere Leser ein hübsches Seth-Buch auf die Beine.

Den Faden aufnehmen

Den Ausdruck »den Faden aufnehmen« verwende ich gern in der Zusammenarbeit mit meinem dritten menschlichen Sprecher. Gemeint ist Marks entspannte Einstimmung auf den Strom meiner Mitteilungen. Es ist eine durchaus heikle Sache, das Vertrauen aufzubringen, dass die Mitteilungen, die man aufschreibt oder spricht, tatsächlich von der Seth-Wesenheit stammen. Man hat es gleichsam mit einem großen, vielschichtig verwobenen Gebilde zu tun, und einen Faden davon nimmt man auf – wirklich eine sehr subtile Angelegenheit. Man hat nach dem Namen der Energiepersönlichkeit gefragt und ihn genannt bekommen; jetzt möchte man weitergehen und einen stetigen Dialog mit der Energiepersönlichkeit aufnehmen – das verlangt viel Fingerspitzengefühl. Normalerweise stellt man jetzt, so hoffnungsvoll und vertrauensvoll wie möglich, weitere Fragen, bis ein regelrechtes telepathisches Zwiegespräch zustande kommt. Man erfragt den Namen. Man stellt weitere Fragen, und Antworten fließen dem Fragesteller zu, sie entströmen seinem eigenen höheren Ich. Schwierig ist das nicht, aber ihr müsst in einer positiven Haltung dranbleiben, um mit der Zeit gute Resultate zu bekommen.

In dieser Einstimmungsphase ist Mark also jetzt. Er wird ein bisschen schläfrig und gähnt oft, was ihm die Einstimmung auf das Fühlen erleichtert. Er schließt die Augen, um sich auf den Kontakt zu konzentrieren. Wenn er spürt, dass ich meine Energien und seine so weit angeglichen habe, dass wir arbeiten können, öffnet er die Augen, und ich beginne meine Mitteilungen an seinen »Empfänger« zu übertragen. Manchmal sieht er dabei seine Hände an, und sie kommen ihm ein wenig fremd vor. Das bin dann ich, der durch seine Augen auf seine Hände schaut. Diese persönlichen Kontakte und Kommunikationen entwickeln sich ganz individuell, abhängig von der Eigenart der Person, ihrem geistigen Umfeld und der Energie in ihrem Wirklichkeitsfeld.

Wie ich in früheren Büchern schon erklärt habe, muss ich meine Energien genau auf eine bestimmte »Wellenlänge« abstimmen, damit die Verbindung aufgenommen werden kann. Auch Mark muss seine Energie fein abstimmen, um in diesem »Raum zwischen den Welten«, wie er gern sagt, wirklich *mir* zu begegnen. Aber nehmt es als ein interessantes Spiel. »Bloß kein Stress«, wie ihr ja sonst auch häufig sagt. Wer sich zu verbissen bemüht, schadet der Kontaktaufnahme eher. Die Devise lautet: engagiert, aber entspannt.

Die Anzeichen des Erfolgs

Die Anzeichen für das Gelingen des energetischen Abgleichs sind für alle, die solche Forschungsfahrten im menschlichen Bewusstsein unternehmen, ziemlich gleich. Deshalb wollen wir diese Effekte jetzt etwas ausgiebiger vorführen. Ich werde jetzt unmittelbar bei Mark »abtasten«, wie er diese Zeichen erlebt.

[Direkt zu mir:] Du kannst jetzt tiefer gehen. Mach einfach die Augen zu und nimm dir vor, die Verbindung tiefer werden zu lassen. [Ich befolgte die Anweisung.]

Bei der Kontaktaufnahme mit der Energiepersönlichkeit spürt man eine deutliche Schwere im ganzen Körper, insbesondere in Kopf und Brustraum. Mark erlabt das als einen angenehmen »Druck« von außen – als würde der Luftdruck etwas zunehmen, wodurch man sich aufgefordert fühlt, die körperlichen und mentalen Aktivitäten zurückzufahren und sich nach innen zu wenden. Die Empfindungen können von Mensch zu Mensch ein wenig anders sein. Es handelt sich hier einfach um die generellen körperlichen Effekte, die bei den meisten auftreten. Auf der emotionalen Seite ist auffallend, dass man sich von einer Welle angenehmer, guter Gefühle getragen fühlt. Das ist die Ekstase, die sich mit dem Kontakt einstellt.

Jetzt weißt du, was du zu erwarten hast, und kannst dich auf die Erfahrung einstellen. Damit will ich sagen: Du kannst ein Gefühl in dir erzeugen oder entstehen lassen, dass du – gleich unter der Oberfläche deines Bewusstseins – auf einer Woge ekstatischer Gefühle reitest; du kannst vorfühlen, wie das ist, wenn aus deiner Umgebung ein wohliger »Druck« auf dich übergeht; und du kannst dich in die Situation hineinfühlen, dass du getragen und gehalten wirst wie ein geliebtes Kind. Man arbeitet diese Gefühle und Empfindungen gleichsam in den Körper ein, um sich auf den Kontakt mit dem höheren Ich oder die Energiepersönlichkeit einzustimmen. Wenn du den beschriebenen Zustand erreicht hast, ist es ein Leichtes, den Namen deines Führers zu erfragen. Du kannst auch darum bitten, dass derjenige sich meldet, der dir am »nächsten« ist, man hat nämlich viele Führer. Am Anfang ist es wichtig, dass man gut unterscheidet.

Du hast also den emotionalen und physischen Raum für den Austausch mit deiner Energiepersönlichkeit geschaffen.

Jetzt kannst du die Chancen, den Kontakt tatsächlich herzustellen, dadurch vergrößern, dass du ein Gefühl von erwartungsvollem Vertrauen in dir wachrufst – du kannst es auch Vorfreude auf den Kontakt oder die Begegnung nennen. Und wie gesagt, im Laufe der Zeit und durch genügend Übung wird es dir überall und jederzeit möglich sein, die Verbindung zu deiner Energiepersönlichkeit herzustellen. Manche kommen mit diesen Experimenten relativ schnell zum Ziel, bei anderen dauert es länger. Wichtig ist, dass du während unserer Versuche bei deiner erwartungsvollen Vorfreude bleibst und negative Regungen möglichst klein hältst.

Dialog – 9. April 2004

Woran erkenne ich, wenn wir mit einer Sitzung beginnen, dass du deinen Platz wirklich »eingenommen« hast?

Mark, wir haben hier lediglich eine geistige Überlagerung, du brauchst also nicht mit den Erfahrungen zu rechnen, die Cas bei der Arbeit an unserem ersten Buch gemacht hat. Für dich entwickle ich Übertragungsmethoden, bei denen es nicht zu den manchmal etwas unbehaglichen Empfindungen einer vollen physischen Überlagerung kommt. Du bist auf diese Art sehr gut in der Lage, nah und stetig genug am Strom der Mitteilungen zu bleiben. Mach dir keine Gedanken über die Qualität der Übermittlung oder die Frage, ob dieser Ansatz genauso gut funktioniert wie andere. Das hier ist unsere neue Kooperation, Mark. Sie lässt sich recht gut an und du kannst zufrieden mit dir sein, dass du es in so kurzer Zeit so weit gebracht hast.

Du kannst deine Trance jetzt noch feiner abstimmen, indem du es dir einfach vornimmst und dich entspannst und einen deiner behaglichen Seufzer machst und dich ganz unangestrengt tiefer sinken lässt. [Ich folgte seinen Anweisungen.]

Da, siehst du, jetzt hast du eben diese Woge von Ekstase gleich unter der Oberfläche gespürt, oder?

Ja, habe ich.

Und genau da musst du während dieser Übertragungen sein. Dieses wohlige Empfinden wird dir und den vielen anderen Bewusstseins-Wissenschaftlern Anreiz genug sein. Jetzt seufzt du wieder, und das ist genau richtig. Geh noch ein Stückchen weiter, und wir können anfangen …

Ihr kennt eure Führer bereits

Für diejenigen von euch, die bereits mit ihren Führern im Austausch sind, kann dieses Buch Anregungen zu weiteren Forschungen geben. Jeder kann sich dieser Gruppe oder Konstellation von Führern nähern, die ihn oder sie speziell im Auge haben. Jeder kann, wenn er nur aufmerksam weiterforscht, zu vielen Lichtwesen Kontakt aufnehmen. Grenzen gibt es hier keine – außer du ziehst selber welche. Für diese Reisen nach innen ist es ganz wichtig, dass du in allen Details festhältst, was du ausfindig machst: Du erfragst die Namen der Wesenheiten, die du antriffst, du fühlst ihnen auf den Zahn, um zu sehen, was sie zu bieten haben. Im Übrigen sorgst du dafür, dass in deinem äußeren Umfeld alles weiter seinen geordneten Gang geht.

Jetzt wollen wir wieder ein wenig experimentieren.

EXPERIMENT: DEN KONTAKT ZUR ENERGIEPERSÖNLICHKEIT KNÜPFEN

Hypothese: Dein Geist-Führer wartet darauf.

In meinem vorigen Buch findest du ein paar hochwirksame Übungen für den Zugang zum Seelen-Ich. Unser jetzt anstehendes Experiment kann als Fortsetzung dieser Übungen betrachtet werden. Die Sache wird dir bald geläufig werden, wenn du die Übungen in ihrer Reihenfolge oft wiederholst.

1. Ritual: Schaffung eines geschützten Freiraums.

2. Experiment: Ich möchte jetzt, lieber Leser, dass du dich für ein paar Augenblicke entspannst. Schließ die Augen. Sieh zu, dass du innerlich still wirst. Es ist nicht schwierig. Denk an eine Szene, die ein wohliges, entspanntes Gefühl vermittelt.

Jetzt stell dir vor, dass du mit dem Teil deiner selbst verbunden bist, der allwissend ist – den gibt es nämlich. Frag nach seinem Namen. Manche bezeichnen solche Wesenheiten als Geist-Führer, und das ist durchaus treffend. Frag also nach dem Namen, und du wirst ihn erfahren. Es kann ein paar Augenblicke dauern, bis der Kontakt spürbar wird. Und es kann noch mal ein paar Minuten dauern, bis der Name deines Führers klar wird. Sei geduldig. Wichtig ist deine *Erwartung*, dass sich der Kontakt einstellen wird. Und wenn du immer den liebevollen Aspekt des Bewusstseins zum Kriterium machst, bewegst du dich automatisch in die richtige Richtung. Wenn du schließlich den Namen deiner Energiepersönlichkeit erfährst, kann sich das so anfühlen, als würde eine Beziehung aus früheren Zeiten – vielleicht aus deiner Kindheit, wenn nicht gar aus dem, was ihr »frühere Leben« nennt – neu geknüpft. Dieses Gefühl des Erinnerns, zusammen mit der liebevollen Atmosphäre, ist ein sicherer Hinweis darauf, dass du es wirklich mit deinem Geist-Führer zu tun hast. Das ist ein packender, aufwühlender Augenblick, der dich möglicherweise aus deiner Trance katapultiert. Wiederhole einfach dein Ritual zur Schaffung eines geschützten Freiraums und arbeite dich wieder bis zu dieser Stelle vor. Du kannst dieses Experiment täglich anstellen, es wird die Verbindung zu deiner Energiepersönlichkeit immer stärker machen.

3. Ergebnisse: Dokumentiere gleich nach dem Experiment alles, was du erlebt hast.

EXPERIMENT: ERSTE ZUSAMMENARBEIT

Hypothese: Die Energiepersönlichkeit ist der dienstbare Geist der Märchen und Fabeln.

1. Ritual: Schaffung eines geschützten Freiraums.

2. Experiment: Ein sehr ergiebiger Versuch besteht darin, dass du deine Energiepersönlichkeit bittest, dich immer dann aufmerksam zu machen, wenn du in Gedanken oder Verhaltensweisen abgleitest, mit denen du dir selbst schadest. Unterbreite diesen Gedanken ganz einfach, während du im Austausch mit deiner Energiepersönlichkeit bist. Ihr könnt euch dabei auf ein Symbol, einen Gedanken, ein Gefühl einigen, auf einen Impuls, der diesen Stups deiner Energiepersönlichkeit repräsentieren soll, mit dem sie dich auf dein Abgleiten in unproduktive Zustände aufmerksam macht. Das wird künftig der Weckruf deines höheren Ich sein. Du entscheidest aber immer selbst, ob du die Warnung beherzigst oder nicht. Und noch einmal: Wenn die Kommu-

nikation etwas Liebevolles hat, kannst du ganz sicher sein, dass du mit deiner Energiepersönlichkeit zu tun hast.

Wahrscheinlich wirst du deine Energiepersönlichkeit dann immer »abrufbereit« um dich haben wollen, um dir jederzeit Rat holen zu können. Du wirst auch feststellen, dass sie durchaus geneigt ist, deine Vorstellungen umzusetzen. Sie ist sogar dazu da, wird aber nie etwas tun, was die Entwicklung deiner Seele stören könnte.

Das erinnert dich vermutlich an den »Flaschengeist« und andere mythische Figuren scheinbar vergangener Zeiten. In der Tat, es ist kein neues Phänomen. Die Energiepersönlichkeit existiert seit der Morgendämmerung des menschlichen Bewusstseins. Neu *ist* dagegen, dass wir hier zeigen, wie man die Energiepersönlichkeit auf den Plan rufen kann, und das in einem Buch, das weltweite Verbreitung finden und hoffentlich Tausenden für die Evolution ihrer Seele dienen wird.

EXPERIMENT: DIE ENERGIE-PERSÖNLICHKEIT ALS BEOBACHTER

Hypothese: Deine Energiepersönlichkeit verfolgt deine Bewusstseinszustände und kann dir wertvolle Aufschlüsse darüber geben.

Ihr seid Götter, mit göttlicher Schöpferkraft begabt. Ich wiederhole das, damit ihr es nicht vergesst: Ihr seid Erschaffer von Welten. Ihr verfügt über praktisch unbegrenzte Schöpferkraft, mit der ihr Wünsche in physische Gebilde übersetzen könnt. Und das ist etwas Natürliches, es geschieht von selbst. Es ist nicht ganz einfach, dieses Phänomen des Manifestierens zu betrachten und zu erforschen, da ihr selbst ein Teil dessen seid, was ihr erschafft.

Deshalb dieses Experiment, durch das ihr eine andere Perspektive einnehmen könnt, um dieses Schöpfungsgeschehen, in dem ihr mit Allem-Was-Ist zusammenwirkt, näher zu betrachten. Es hat etwas von »Schnappschüssen«, die in der scheinbar linear verlaufenden Zeit gemacht werden, um sie »später« betrachten zu können. Diese Seite der Energiepersönlichkeit wollen wir »Beobachter-Ich« nennen. Es ist ein Aspekt eures Bewusstseins, der sich an »verstrichene« Jetzt-Augenblicke »erinnern« kann, um die Natur von Ereignissen in der physischen Realität zu erkunden.

In diesem Experiment haben wir vor, deine Energiepersönlichkeit zum Zeugen und Chronisten deiner im Wachzustand unternommenen Ausflüge in unbekannte Wirklichkeiten zu machen. Deine Energiepersönlichkeit wird sich an Einzelheiten von Astralreisen, an Kommunikationen zwischen deinen simultanen Leben und andere Dinge erinnern, die dann später betrachtet werden können. Das ist dein Beobachter-Ich oder Selbstbeobachter, dessen du dich bedienen kannst, wenn du dich erinnern möchtest, was du im Verlauf irgendeines Tages erlebt hast.

1. Ritual: Schaffung eines geschützten Freiraums.

2. Experiment: Bring dich zuerst in einen geistig und körperlich entspannten Zustand. Dann stellst du deiner Energiepersönlichkeit die Aufgabe der Selbstbeobachtung, ungefähr so, wie du einen persönlichen Assistenten beauftragen würdest. Du könntest beispielsweise sagen: »Halte bitte heute meine Reisen in andere Dimensionen als Erinnerungen fest, damit ich sie mir heute Abend ansehen kann.« Leg auch gleich einen Zeitpunkt für diese Rückschau am Abend fest. Und wenn es so weit ist, forderst du deine Energiepersönlichkeit auf, die Erinnerung der Reihe nach zur Betrachtung in dein Bewusstsein »einzuspielen«. Du kannst natürlich auch einen anderen Zeitpunkt bestimmen oder die Rückschau gleich an das Experiment anschließen

lassen. Aber der als Beispiel dargestellte Ablauf eignet sich wahrscheinlich für diejenigen unter euch am besten, die den Tag über beruflich beschäftigt sind.

Wenn du genügend Erfahrung mit diesen Selbstbeobachtungen gesammelt hast, wird dir bewusst werden, dass Interdimensionalreisen eher die Regel als die Ausnahme sind. Geistige »Streifzüge« dieser Art sind sehr häufig, vor allem im Schlaf, aber auch im Wachzustand. Es ist sogar so, dass ihr den größten Teil des Tages in anderen Dimensionen unterwegs seid.

3. Ergebnisse: Notiere alles ganz genau, was du deiner Energiepersönlichkeit nach solchen Ausflügen an Erinnerungen entlocken kannst.

5 Die magische Perspektive

Dialog – 23. März 2004

Noch eine Frage zu unseren Gesprächen über meinen Traum von Haus und Grundbesitz ... In anderen Kommunikationen dieser Art wird gesagt, es sei nicht nötig, in allen Einzelheiten zu visualisieren, wie das von uns Gewünschte sich manifestieren soll. Stimmt das? Ist es besser, die Einzelheiten dem Universum zu überlassen?

Immer dieselbe Antwort, Mark: Du erschaffst deine Wirklichkeit aus Bewusstseinseinheiten, und das bis hinunter ins kleinste Detail. Der größte Teil dieser Schöpfung geschieht unbewusst. Deshalb lautet mein Rat an dich: Visualisiere so genau und detailliert – und bewusst – wie möglich. »Die großen, unerschlossenen Kräfte des menschlichen Geistes«, wie du so gern sagst, sorgen für alles Übrige. Aber man muss diese Kräfte leiten, ganz ohne Zweifel. Verunsichere dich also nicht unnötig mit der Frage, wie viel »Energie« du irgendeinem Vorhaben zuleiten kannst. Du brauchst nicht zu befürchten, dass du zu viel visualisieren oder überhaupt zu viel wünschen könntest.

Richtig ist natürlich, dass alle diese Schöpfungen ganz exakt deinen Überzeugungen entsprechen, deinen Vorstellungen von möglich und unmöglich. Und wenn es dir gelingt, die »magische Perspektive«, wie wir es genannt haben, aufrechtzuerhalten, wenn du also Augenblick für Augenblick dabei bleiben kannst, dass das Universum alles spiegelt und auf deine »banalsten« kleinen Regungen und Wünsche antwortet, wirst du sehr wahrscheinlich schon bald zu ansehnlichen Resultaten kommen.

Das große Werk

In eurer esoterischen Literatur ist viel vom vollkommenen Menschen und vom besten Weg zu diesem Entwicklungsstand die Rede. Wir bewegen uns hier auf ähnlichem Gelände, wenn wir fragen, wie die eher »niederen« Aspekte des Menschseins – Zorn, Angst und Hass – in ihre göttlichen Entsprechungen Liebe, Verständnis und Mut zu überführen sind. Meine Aussagen sind in mancher Hinsicht eine Fortsetzung dieser esoterischen Ansätze und Lehren, die von Menschen in eurer sogenannten Vergangenheit ausgehen. Lasst mich hinzufügen, dass diese Menschen, als sie die großen Werke eurer »Offenbarungsliteratur« schufen, sehr eng mit ihrer Energiepersönlichkeit und anderen Führern verbunden waren. Nach allem, was ich in letzter Zeit mitgeteilt habe, liegt es ja eigentlich auch auf der Hand, dass alle diese inspirierten Werke von göttlicher Erkenntnis durchdrungen sind, die sich den Autoren über Lichtkörper wie mich mitgeteilt hat.

Inspiriertes Gedankengut ist in aller Regel eben das: Inspiration, also vom Geist mitgeteilt oder eingegeben. Eure Geist-Führer, als solche erkannt und anerkannt oder nicht, sind für die meisten begeisternden, lebensbejahenden Ideen verantwortlich, die ihr euch je zu eigen oder sogar zur Leitlinie eures Handelns gemacht habt. Hier könnte der Eindruck eines Widerspruchs zu meiner anderen Aussage entstehen, dass ein Großteil dessen, was ihr euer Bewusstsein nennt, aus Impulsen besteht, die von euren simultanen Leben ausgehen. Auch das bleibt wahr. Die Lichtwesen, die in diesem kollektiven Bewusstsein wirken, geben euch inspirierte und fördernde Gedanken, Bilder und Gefühle ein. Hier besteht kein Widerspruch, wenn ihr die ungeheure Reichweite des menschlichen Bewusstseins bedenkt: das Geflecht simultaner Leben, aus dem Ideen einströmen, das Bewusstsein eurer gegenwärtigen individuellen Realität und das vielfältige Hin und Her der Lichtkörper-Kommunikation, auf dem alles beruht und durch das alles aus der grenzenlosen schöpferischen Energie von Allem-Was-Ist gespeist wird.

Nun sind solche gewichtigen Sätze vielleicht dazu angetan, dich ein wenig zurückgesetzt zu fühlen. Ich möchte dich deshalb noch einmal daran erinnern, dass *du* dein persönliches Wirklichkeitsfeld zusammen mit Allem-Was-Ist erschaffst. Du bist der Magier. Du bist der Verbündete des Göttlichen, der deinen Teil der Welt und zusammen mit der übrigen Menschheit die Konsensrealität der Welt erschafft.

Das bringt uns zum nächsten springenden Punkt, nämlich dass viele von euch *nicht* auf die Stimme des Göttlichen gehört haben. Die Anregungen der Lichtwesen sind auf taube Ohren gestoßen. Deshalb findet ihr euch jetzt in dieser Zwangslage. Hier kannst du, lieber Leser, einen Ausgleich schaffen. Der vollkommene Mensch ist jemand, der im großen Zusammenhang dessen, was er als Mensch lernen möchte, die Mitteilungen des Göttlichen mit seinen eigenen schöpferischen Vorhaben in Einklang bringt. »Vollkommen« ist vielleicht nicht ganz der richtige Ausdruck. Ein »rechter« Mensch, ein »ganzer« Mensch wäre treffender. Man muss nämlich für das große Werk – zu lernen, was auf dem Pfad der Seelen-Evolution zu lernen ist – nichts weiter als ein ganzer Mensch sein. Ein weiterer Begriff, der dir gute Dienste leisten könnte, ist »ein bescheidener Gott«. Ihr seid Götter mit unbeschränkter Macht, aber ohne die Bescheidenheit, die erst mit dem Lernen kommt, werdet ihr eurer Welt nichts zu bieten haben, was ihr nützt. Viele von euch tragen unbestreitbar zur gegenwärtigen kritischen Lage der Welt bei. Ihr werdet wohl auf die materielle Ebene zurückkehren müssen, bis ihr diese größte aller Lektionen bewältigt habt.

Die magische Perspektive

Wenden wir uns jetzt der magischen Perspektive zu. Meine erste Sprecherin und ihr Mann haben zu diesem Thema eine Menge Material von mir erhalten und zu einem Buch zusammengestellt, das 1995 veröffentlicht wurde. Sicher haben es viele gekauft und gelesen. Aber sicher erscheint mir auch, dass nur wenige dieser Leser sich die Zeit genommen haben, die in diesem Buch präsentierten Ideen wirklich in sich aufzunehmen und sich das in ihnen liegende Potenzial klarzumachen. Außerdem bin ich sicher, dass sich die große Mehrheit der Leser meiner vor so langer Zeit erschienenen Bücher nicht die Mühe gemacht hat, so intensiv und ausdauernd damit zu arbeiten, dass sie den größtmöglichen Nutzen daraus hätten ziehen können. Fasst es bitte nicht als Tadel auf, aber ich muss mich hier ganz unmissverständlich ausdrücken: Hätten die vielen Leser meiner früheren Bücher sich die darin vertretenen Gedanken zu eigen gemacht und all die wunderbaren Kräfte des Menschseins genutzt, um sich eine von Liebe geprägte Realität zu schaffen, ich müsste jetzt nicht wieder auftreten, um mit neuen menschlichen Partnern weitere Bücher zu schreiben. Die Antwort auf die Frage, weshalb ich mich wieder zu Wort melde, sollte für die meisten von euch naheliegen.

Unter meinen früheren Büchern sind es vor allem *The Magical Approach* und das frühere *Gespräche mit Seth*, denen der Leser ein paar sehr wirksame Methoden zur Verbesserung seiner persönlichen Realität entnehmen kann. In den neuen Büchern, die ich mit Cas und inzwischen mit Mark in diesem neuen Jahrtausend verfasse, liegt das gleiche Potenzial. Aber Potenzial bleibt bloßes Potenzial, wenn man nicht danach handelt. Eine wahrscheinliche alternative Wirklichkeit bleibt so lange wahrscheinlich, bis etwas *getan* wird. Es sollte für euch alle mühelos ersichtlich sein: Erst mit dem Handeln beginnt die Verwirklichung der Impulse und Potenziale, der von den Lichtwesen mit so viel Liebe gegebenen Anregungen. Lasst mich also noch einmal unterstreichen, dass es sehr wichtig ist, die Experimente wirklich zu machen, das Gesagte in sich aufzunehmen und durch tägliche Anwendung in euer Leben zu integrieren.

Die »magische Perspektive« ist einfach eine besondere Betrachtungsweise eurer Welt. Sie vermittelt dir, lieber Leser, schöpferische Kräfte, die in eurer Welt über viele, viele Generationen praktisch totgeschwiegen wurden. Aber es gab in eurer sogenannten Vergangenheit auch Zeiten, in denen die meisten Menschen die magische Perspektive bejahten. Eure Mythen (diesen Ausdruck mag ich nicht besonders, da er nach eurem heutigem Sprachgebrauch besagt, dass die dargestellten Ereignisse nicht wirklich stattfanden; sie haben größtenteils tatsächlich stattgefunden) bilden die Phasen eurer Evolution ab, in denen die Menschen ihre schöpferischen, manifestierenden Kräfte ernst nahmen und verantwortungsvoll damit umgingen. Bis heute hat die Bedeutung der magischen Perspektive in einigen Stammeskulturen überlebt, aber hier ist es meist so, dass nur einzelne hoch geachtete Führungsgestalten die magischen Kräfte stellvertretend für die gesamte Gemeinschaft ausüben.

Dialog – 22. April 2004

Also, Mark, der Wissenschaftler des Bewusstseins *ist* der Magier, der Zauberer, der alten Zeit. Sie sind ein und dasselbe. Du kannst das im Buch verwenden oder nicht, aber im Grund vermitteln wir dem Leser mit dem Modell des Bewusstseinswissenschaftlers, wie er »natürliche« Kräfte nutzen kann, um erwünschte Realitäten herzustellen. Und das, mein Freund, ist Magie. Ich denke, wenn wir das nur so erwähnen und nicht zu sehr in den Vordergrund stellen, können wir unsere Leser schon so weit interessieren, dass sie uns auf diese Reise begleiten. Und lass mich hinzufügen, dass wir hier natürlich von »göttlicher Magie« reden: Schöpfung in Zusammenarbeit mit Allem-Was-Ist, der Energiequelle für jegliche Art von Schöpfung. Bedenken gegen alles Spirituelle – dass es nichts bewirken könne oder kein legitimer Ansatz sei – werden wegfallen, sobald ihr die Macht von Allem-Was-Ist in eurer Rolle als Bewusstseinswissenschaftler wirklich zu spüren beginnt. Lass es auf den Versuch ankommen, Mark.

Die ersten Wissenschaftler

Der Wissenschaftler des Bewusstseins ist der Magier früherer Zeiten. Der Zauberer, der Schamane, die Hexe – diese Urahnen eurer spirituellen Traditionen waren die ersten Wissenschaftler. Erst später, als die inneren Sinne bei der Erforschung eurer Wirklichkeit mehr und mehr durch die äußeren Sinne verdrängt wurden, als das Sammeln von »Fakten« zum Selbstzweck wurde und ihr den bloßen Erwerb von Wissen wichtiger zu nehmen begannt als die Frage nach seinem Sinn und Zweck, wurde die Rolle des Wissenschaftlers allmählich säkularisiert, das heißt »entspiritualisiert«, um sich schließlich zu dem zu entwickeln, was sie heute ist.

Jetzt geht es folglich darum, die Erfahrungswelt des Menschen durch die Zusammenarbeit mit Lichtwesen wieder zu spiritualisieren, zu einer heiligen Welt zu machen. Dass ich die organisierten Religionen hier nicht eigens erwähne, möge mir nicht als Affront ausgelegt werden. Wenn deine Religion dir gibt, was du suchst, dann bleib um Himmels willen bei ihr. Hast du aber den Eindruck, dass die Entwicklung deiner Seele nicht vom Fleck kommt und du von deiner Religion nicht die Nahrung bekommst, die du für die kommende Transformation brauchst, dann würde ich dir eher dazu raten, es mit den in diesem Buch vorgestellten Methoden zu versuchen. Du kannst deiner religiösen Bindung treu bleiben und meine Ideen *zusätzlich* in deine religiöse Praxis einbeziehen.

Es liegt viel Gutes in den großen Religionen, und in allen hat man die Chance, den Bewusstseinsstand zu erreichen, der für den Übergang in die vierte Dimension notwendig sein wird. Leider liegen diese Chancen oft unter lastenden Dogmen und Missverständnissen begraben, die den eigentlichen

Sinn verschleiern und den Menschen alle Macht über ihr eigenes Schicksal absprechen. Deshalb empfehle ich meinen Lesern, dass ihr euch nichts zu eigen macht, was gegen eure wahre Natur ist: Ihr seid Kinder der Liebe und schöpferischen Kraft von Allem-Was-Ist. Macht euch selbst ein Bild. Macht euch eure eigenen Gedanken. Akzeptiert keine Gedanken – auch nicht die Gedanken in diesem Buch –, wenn die Stimme der Intuition euch sagt, dass sie für eure Seele nicht taugen.

Magier, Schamanen und Hexen

Astralreise, Zeitreise, Bewusstseinsprojektion – diese Begriffe beschreiben eigentlich alle das Gleiche: den gezielten Einsatz des menschlichen Bewusstseins. Wenn ihr euch anschaut, wie Zauberer, Schamanen und Hexen oder Hexer beschrieben werden, könnt ihr gewisse Unterschiede der Darstellung bei dieser oder jener Verrichtung erkennen, aber wenn man alles zusammennimmt, ist kaum zu übersehen, dass sie aus ähnlichen Gründen und mit ähnlichen Mitteln ähnliche Ziele anstreben. Letztlich bedienen sie sich nämlich alle des menschlichen Bewusstseins, um – im persönlichen und gemeinsamen Wirklichkeitsfeld – etwas zu bewirken.

Du, lieber Leser, wirst feststellen, dass du am meisten Einfluss auf dein persönliches Wirklichkeitsfeld hast, wenn du die Experimente machst. Zuerst erkundest du die Möglichkeiten innerhalb deines Manifestationsradius. Im Laufe der Zeit wird dir jedoch der Gebrauch der Intention bei der Erschaffung von Realitätsgebilden immer geläufiger werden, und im gleichen Maße kannst du dein Manifestationsfeld auf verwandte und angrenzende Felder ausdehnen. Da alles eins ist und folglich alles zu allem in Beziehung steht, gibt es in der Konsensrealität der Menschheit nichts, was deinem Einfluss entzogen wäre. Nichts weiter als gesammelte Ausrichtung an deinem Jetzt-Punkt der Kraft ist dazu erforderlich. So kann man zum Beispiel Fernheilungen bewirken. Es braucht seine Zeit, bis man genügend Erfahrungen hat, um mit diesem »schöpferischen Netzwerk« umzugehen, aber prinzipiell ist jeder von euch in der Lage, diese Felder und Gitternetze zu beherrschen.

Alles Weitere in den Experimenten am Schluss dieses Kapitels.

Dialog – 24. März 2004

Du beschreibst Menschen als Mitschöpfer ihrer Wirklichkeit in der Zusammenarbeit mit Allem-Was-Ist. Welche Rolle spielt Karma dabei – falls es eine spielt?

Ja, Mark, du erinnerst dich vielleicht, dass ich den Begriff »Karma« nicht besonders schätze. Er gehört zur Dogmatik des östlichen religiösen Denkens. Die Wahrheit über die menschliche Seele lautet: Es gibt kein Karma, es gibt nur Erfahrungen. Und die Erfahrungen bestehen darin, dass man sich auf der Erde inkarniert, um das zu lernen, was man zu lernen hat. Das können »positive« oder »negative« Erfahrungen und alles dazwischen sein, und ihr kehrt so lange immer wieder in diese menschliche Erfahrungswelt zurück, bis ihr eure Lektionen beherrscht. Im populären westlichen Verständnis ist Karma so etwas wie das Begleichen von »Schulden«, die man aus »früheren Leben« mitgebracht und jetzt auf mehr oder minder peinliche Art abzustottern hat. In Wirklichkeit sind aber alle Leben simultan, und dieser Karma-Begriff ist folglich sinnlos. Wenn dir in diesem Leben ein Ziegelstein auf den Fuß fällt und du karmische Schulden aus früheren Leben dafür verantwortlich machst, ist das eine ziemlich einfältige Deutung eines im Grunde viel tieferen seelischen oder spirituellen Geschehens.

Die östlichen Religionen sind der Wahrheit über die Evolution der Seele näher als das Christentum. Aber keine Religion hat diese Evolution bisher so darzulegen verstanden, dass Menschen sie wirklich begreifen und etwas damit anfangen können – um endlich das göttliche Wissen zu empfangen, das die Herzen öffnen würde. Stattdessen wird eure spirituelle Evolution seit Äonen durch euer Ego blockiert. Höchste Zeit, das Ego für das Licht der Seele durchlässig zu machen.

Natürliche Magie

In meinem älteren Buch *The Magical Approach* war schon ausführlich von diesem Thema die Rede: der Mensch als Magier. Der Weg der Magie ist aber nichts weiter als das Wissen um bewusste Manifestation in eurer natürlichen Umgebung. Ihr gehört selbst zu dieser natürlichen Umgebung. Wie ich schon etliche Male gesagt habe, seid ihr – zusammen mit Allem-Was-Ist – die Schöpfer all dessen, was ihr in eurer Realität wahrnehmt.

Magisch ist das Ganze insofern, als ihr, wie es scheint, etwas aus nichts erschafft. Hier möchte ich auf meinen Begriff der »Bewusstseinseinheit« zurückkommen: Mit eurer Intention und eurem freien Willen macht ihr gleichsam aus dem

»Material« dieser Bewusstseinseinheiten eure Konsenswirklichkeit. Telepathische Kommunikation geht auf allen Ebenen vor sich, sodass die Illusion euch allen gleich erscheint: eine von euch manifestierte Welt, auf die ihr euch »geeinigt« habt. Sie sieht ganz echt, ganz real aus, nicht wahr? Aber wenn ihr glauben würdet, was ich all die vielen Jahre gesagt habe, wäre diese ach so dauerhafte stoffliche Wirklichkeit für euch nichts weiter als eine Menge »heiße Luft«. Unter dem forschenden Blick, zu dem ich euch Bewusstseinswissenschaftlern Mut machen möchte, löst sie sich in Wohlgefallen auf.

Dialog – 23. März 2004

Seth, wie wär's mit ein paar Ratschlägen zum bewussten Gebrauch der Bewusstseinseinheiten für die Erschaffung meines Traumlebens, vor allem was Haus und Grundbesitz angeht?

Ja, Mark, und »bewusst« ist hier das Schlüsselwort, sehr richtig. Du erschaffst dein Leben, wie es alle anderen ebenfalls tun, größtenteils unbewusst. Das kommt von dem Vergessen, das ich bereits angesprochen habe. Aber das Vergessen lichtet sich jetzt und dir dämmert das wahre Wesen deiner Realität. Dann ist es nur noch eine Frage der Umgewöhnung. Mach dir Augenblick für Augenblick deinen Gebrauch der Bewusstseinseinheiten bewusst. Das ist nicht schwer, oder? Wann immer du von deinem Gedankenweg abweichst, schubst du dich sanft zurück. Das hast du heute Vormittag ja schon ein paar Mal gemacht. Das Negative wird dich auf seinen Weg zurückdirigieren wollen. So ist das nun mal in deiner Realität. Für dich geht es jetzt darum, der *Energie* des Negativen eine andere Richtung zu geben und im Augenblick Liebe und Zuversicht daraus zu machen. Die Bewusstseinseinheiten, die Mark und seine Umgebung ausmachen, sind fließend, frei beweglich. Sie können ins Positive oder ins Negative gewendet werden, je nachdem, was gerade deine bewusste oder unbewusste Intention ist. Sorge also bewusst dafür, dass immer die Waagschale des Positiven schwerer bleibt, und du wirst zuschen können, wie du in solchen Augenblicken an deinen Manifestationen von Haus und Land und Wohlstand arbeitest.

Gesundheit, Wohlstand, Weisheit

»Healthy, wealthy, and wise« – diesen Schluss eines alten englischen Sprichworts hat sich mein dritter Sprecher, Mark, zur Devise gemacht. Und ist es nicht ein Segen, den sich jeder für sich und andere wünscht? Nehmen wir diese drei so erstrebenswerten Dinge als Muster, um daran aufzuzeigen, wie ihr zusammen mit Allem-Was-Ist euer Maximum an Gesundheit, Wohlstand und Weisheit erschaffen könnt, wenn ihr nur klar in eurer Ausrichtung bleibt und euch beherzt einsetzt. Nun hat natürlich jeder von euch seine Eigenheiten, im Hinblick auf seine Seelen-Evolution ebenso wie in jedem anderen Lebensbereich, und deshalb hat sicherlich jeder seine ganz eigenen Vorstellungen von Gesundheit, Wohlstand und Weisheit. Davon abgesehen, sind diese drei Dinge für jeden von euch von großer Bedeutung und mit Vorstellungen und Überzeugungen aufgeladen, die wir uns jetzt einmal ansehen wollen.

Gesundheit ist ein Thema, mit dem wir leicht ein ganzes Buch füllen könnten, und das habe ich ja auch mit meiner ersten Sprecherin in *Seths letzte Botschaft: eine neue Sicht von Gesundheit, Krankheit und Tod* getan. Einige von euch werden wissen, unter welchen Umständen dieses Buch zustande kam und dass unsere Zusammenarbeit damals mit diesem Buch endete. Sie vollzog 1984 den Übergang in ihre Heimatdimension. Es wird manchem von euch merkwürdig erscheinen, dass wir da ein Buch über Gesundheit verfassten, ein Buch voller Hinweise, wie körperliche Gesundheit herzustellen ist – und die Verfasserin überlebt die Niederschrift des Manuskripts nicht! Lasst mich einfach sagen, dass meine erste Sprecherin – wie es bei euch allen ist – ihre Gründe hatte, ihr Leben so und nicht anders verlaufen zu lassen. Es gibt körperliche Gesundheit, es gibt psychische Gesundheit und es gibt spirituelle Gesundheit. In allen drei Bereichen habt ihr manches zu lernen, wenn ihr eure Reisen in die physische Realität unternehmt. Was euch bei der Betrachtung anderer möglicherweise seltsam erscheint, beruht vielleicht einfach auf deren Entscheidung, ihre Lektionen auf ihre ganz eigene Art zu lernen. Hier möchte ich anfügen, dass ich mit meiner ersten Sprecherin nach wie vor in Verbindung stehe und dass ihr eigener Tod ein höchst amüsantes Thema für sie ist. Sie verließ ihr körperliches Dasein mit einem Gefühl großer Ironie, war sie doch mit der Produktion eines Buchs über Gesundheit beschäftigt. Sie lebte ihren Lesern die Wahrheit des Übergangs vom Körperlichen ins Ätherische vor. Sie hofft und glaubt, dass die Leser ihres letzten Buchs ebenfalls Sinn für die ganze Ironie und das Pathos dieses Todes haben.

Wie man Gesundheit schafft

Ich werde mich hier sehr kurz fassen – auch wenn manche [schmunzelnd] nicht glauben, dass ich das überhaupt *kann*. Eure Gesundheit ist der am deutlichsten ins Auge springende Aspekt eurer persönlichen Realitätsschöpfung, denn wie gesagt, ihr erschafft alles in eurem persönlichen Wirklichkeitsfeld selbst und damit auch euren Körper und seine Verfassung. Jetzt jedenfalls lebt ihr in einem Körper, der nach einer »Vorlage« geschaffen wurde, für die ihr euch vor eurer Geburt entschieden habt. Diese Vorlage verschafft euch einen Körper, in den bereits bestimmte Erfahrungen und Lektionen »eingebaut« sind. Die Lektionen des Körpers sind kaum auszuschöpfen, sie füllen euer Leben bis zum Tod des Körpers. Aber grundsätzlich können wir sagen: Wenn dein Leben sich in einem glücklichen und gesunden geistigen Umfeld abspielt, wirst du sehr wahrscheinlich zusammen mit Allem-Was-Ist einen glücklichen, gesunden Körper erschaffen. Leidest du jedoch einen Mangel an Selbstwertgefühl und hängst trüben Gedanken an mögliche Krankheiten nach, wirst du wahrscheinlich einen Körper erschaffen, der im gleichen Maße krank ist. Dieses Erschaffen der körperlichen Verfassung geschieht größtenteils unbewusst. Aber es kommt auch vor, dass du dich dabei erwischst, wie du »Anregungen« von innen oder außen aufgreifst und etwas Ungesundes in dir in Gang setzt. Wenn zum Beispiel jemand sagt: »Oh, ich glaube, ich bekomme eine Erkältung«, und du greifst das auf und bestätigst, dass es bei dir auch schon im Hals kratzt. Dann bringst du deinen Körper in die Verfassung, in der er für eine Erkältung empfänglich ist. Davon war anderswo schon ausführlich die Rede, und ich will mich jetzt nicht weiter damit aufhalten.

Nun gibt es Menschen, die in ihrem gegenwärtigen Leben mit besonderen Schwierigkeiten zu kämpfen haben, etwa dem Fehlen oder Verlust von Gliedmaßen oder Organen. Außerdem gibt es körperliche Krankheiten, die als »unheilbar« angesehen werden. In eurer dreidimensionalen Welt gilt es als unmöglich, verlorene Gliedmaßen und Organe wieder wachsen zu lassen oder »tödliche« Krankheiten zu überwinden. Es steht euch jedoch die Erkenntnis bevor, dass alle Gebrechen und Krankheiten durch richtigen Gebrauch der Imagination und durch Vereinigung der Kräfte mit Allem-Was-Ist geheilt werden können. In der Vierdimensionalität werden sich eure Gedanken augenblicklich in Realitätsgebilde übersetzen – ohne den Zeit-Puffer, den ihr in eurer gegenwärtigen dreidimensionalen Realität kennt. Wenn jemand eine »unheilbare« Krankheit oder andere körperliche Gebrechen auf sich gezogen hat, wird er das, was darin für ihn zu lernen ist, bewältigen können, indem er seine Seelenprobleme mit heilenden Gedanken von besonderer Kraft auflöst. Dinge dieser Art erwarten euch nach dem Übergang in der vierdimensionalen Wirklichkeit.

Natürliche Heilverfahren

Um diesen Gedanken – dass alle körperlichen, seelischen und spirituellen Leiden heilbar sind – zu vertiefen, möchte ich auf etwas eingehen, was wir »natürliches Heilen« nennen. Hier geht es um das alte Wissen, dass der Körper sich selbst heilt, er wird lediglich mit sanften Methoden darin unterstützt. Chirurgische Eingriffe und pharmazeutische Medikamente gehören nicht zu diesen sanften Heilverfahren, wohl aber manche uralte Methoden und das, was die Erde selbst an Heilmitteln bereitstellt. Die Rede ist von Hypnose oder heilenden Worten und von der Anwendung diverser Pflanzen, Mineralien, Öle und dergleichen. Dieses System ist uralt. Es ist auch die Basis eurer gesamten modernen Medizin.

Um es ganz einfach auszudrücken: Der menschliche Körper ist ein natürlicher Organismus, von eurem göttlich inspirierten Bewusstsein aus den natürlichen Elementen eurer Erde erschaffen. Und seit ihr auf dieser Erde seid, haben sich eure Heiler ihrer heilenden Worte bedient, um im kranken Körper Veränderungen zum Besseren zu bewirken. Eigentlich liegt es also nahe, euren Körper mit natürlichen Methoden und Heilmitteln aus der Natur zu heilen und zu regenerieren.

Aber wie fängt man das an? Gibt es vorgegebene »Indikationen« also Entsprechungen, die man kennen muss, um dann nach dem Kraut oder Öl suchen zu können, das zu einer bestimmten Krankheit passt? Nicht unbedingt. Wenn wir uns diesen Dingen nämlich aus der magischen Perspektive nähern, können wir mit *irgendeinem* natürlichen Heilmittel arbeiten. Ihr könnt dieses göttliche »Wirken« praktisch personalisieren, indem ihr eure ganz eigenen Assoziationen zwischen dem Heilmittel und dem Zustand knüpft. Ihr tut das mit euren Gedanken, und ihr ladet das Heilgeschehen mit starken Emotionen auf, die bei dem ganzen Unterfangen so etwas wie elektromagnetische Heilenergie darstellen. Natürlich ist dabei vorausgesetzt, dass ihr es euch wirklich zutraut, das passende Heilmittel zu wählen und mit Heilkraft aufzuladen. Das kann man sich als eine Art Selbsthypnose vorstellen, in dem Bewusstsein vorgenommen, dass ihr Seele mit einem Körper und nicht Körper mit einer Seele seid. In der Sphäre der Seele ist *alles* möglich, und dazu gehört die Heilung sämtlicher Krankheiten und Gebrechen.

Dialog – 17. Mai 2004

Ich hatte einen merkwürdigen Traum. Kannst du mir helfen ihn zu verstehen?

Wenn du möchtest. Ich weiß um deinen Traum. Gut, dass du aufgeschrieben hast, was du noch wusstest. Du liegst ganz richtig mit der Annahme, dass es in diesem Traum grundsätzlich um deine Anschauungen zum Thema »Haben« geht. Es war also eine symbolische Dramatisierung all dessen, was du dir in diesem Leben über Fülle und Wohlstand oder eben über das Haben zu lernen vorgenommen hast. Du hast ebenfalls Recht mit der Deutung, dass du so deine Schwierigkeiten mit der Aussicht auf Reichtum hast, was insbesondere dein *eigenes* hübsches Anwesen betrifft.

Im Traum hattest du das Gefühl, ohne es zu wollen in dieses fremde Haus versetzt worden zu sein und jetzt erklären zu müssen, was du da zu suchen hast. Du sagst im Grunde: »Was tut ein armer Schlucker wie ich in so einem tollen Haus?« Das ist ein Persönlichkeitsanteil, mit dem du ins Reine kommen musst, bevor du den Wohlstand und Besitz, den du dir wünschst, überhaupt *annehmen* kannst. Es ist ein Wiederholungstraum, weil du diese Diskussion mit dir selbst schon viele Jahre immer und immer wieder führst. »Steht mir ein schönes Haus überhaupt zu? Wieso muss ich immer als Mieter in den Häusern anderer Leute wohnen?« In deiner Traumwelt setzt du dich mit diesen Dingen auseinander. Gegenwärtig scheint sich bei dir der Gedanke durchzusetzen, dass du dein Traumhaus vielleicht doch bekommen kannst.

Das Ehepaar in deinem Traum steht vielleicht für reiche Leute, die du bald kennenlernst und die dein knospendes Unternehmen fördern möchten, ohne sich finanzielle Gewinne davon zu versprechen. Sie brauchen das Geld nicht, Mark. Sie demonstrieren dir nur eine Wohlhabenheit ohne Arroganz, ohne Geringschätzung für Habenichtse, eine aus Liebe und Selbstvertrauen geborene Haltung. Deine Mission, Mark, scheint in dieser Phase deiner Entwicklung darin zu bestehen, dass du dir die Verkörperung von Liebe und Selbstvertrauen in allem, was du tust, zur Strategie machst. Das betrifft insbesondere Produktion und Vertrieb unserer Bücher und die bevorstehenden ersten Vorträge und Demonstrationen zu diesem Channeling, an dem wir beide beteiligt sind. So viel für jetzt.

[In meinem Traum fand ich mich, wie Seth erzählt, in diesem luxuriösen Haus wieder, hielt mich dort jedoch sehr widerstrebend auf. Die Bewohner, ein Ehepaar, kannte ich aus früheren Träumen. Ich schämte mich für mein unwillentliches Eindringen in ihr Haus. Seth hat recht, es geht in diesem Traum um meine Gefühle zum Wohlstand, um Scham und manches andere. Mehr dazu in »Fragen an Seth« am Schluss des Buchs.]

Woher Reichtum kommt

Befassen wir uns jetzt mit Fragen des Wohlstands. Und zwar ganz von vorn. Da muss erst einmal eine Bestandsaufnahme, eine Selbsteinschätzung erfolgen: Wie viel Wohlstand möchtest du? Dann siehst du dir an, wo du gegenwärtig stehst und wie viel da noch fehlt. Diese Differenz zwischen deiner gegenwärtigen materiellen Ausstattung und dem, was du haben möchtest, kann dein emotionaler Anschub sein, deine Motivation, das Gewünschte zu erschaffen oder zu manifestieren. Keine Manifestation ist ohne emotionalen Gehalt. Und je größer die Intensität – oder je stärker der Wunsch –, desto prompter die Manifestation.

Ihr erschafft eure Wirklichkeit. So gesehen seid ihr Zauberer; es wäre nur gut, ein bisschen gezielter vorzugehen, und das bedeutet: bewusste Schöpfung nicht ausschließlich zum eigenen Nutzen, sondern in der Ausrichtung auf den Nutzen für die gesamte Menschheit. Diese Berücksichtigung der gesamten Menschheit ist für dich, lieber Leser, der Schlüssel zur bewussten Manifestation. Du stellst mit deinen Intentionen dein Engagement für das Wohl aller unter Beweis. Der göttliche Logos, nämlich Alles-Was-Ist, verpflichtet dich darauf und macht es dir zur Bedingung für deine eigenen Fortschritte auf dem Weg der Seelen-Evolution. Sollte das weit hergeholt und gar nicht erst bedenkenswert erscheinen, dann ist das eine Ego-Reaktion, an der ihr das Maß eurer Seelenferne erkennen könnt; dann wisst ihr, was für eine Strecke ihr bei diesem Unterfangen vor euch habt.

Euer gegenwärtiges Wohlstandsniveau zeigt euch sehr genau an, wie es um eure Vorstellungen zum Thema »Haben« bestellt ist. Das ist das Feedback, von dem hier schon die Rede war: euer persönliches Wirklichkeitsfeld als Abbild eures inneren, geistigen Umfelds.

Ihr habt vielleicht schon bemerkt, dass zwischen der Bereitschaft zu geben und dem Besitzstand eine direkte Beziehung besteht. Für die natürliche, die magische Sicht der Dinge gilt nämlich, dass alles Manifestieren ein Prozess des Gebens und Nehmens ist. Ihr seht das zum Beispiel beim Atem, aber es gilt für jede Art von »Puls« in eurer stofflichen Realität. Wie der Atem zyklisch verläuft – Einatmen, Ausatmen, Pause –, so auch der Puls des Lebens oder der Manifestation: Anbahnung der Manifestation, Pause, Manifestation. Ein solcher Zyklus kann in dem, was ihr Zeit nennt, weniger als eine Mikrosekunde dauern, reicht aber aus, um euch den Eindruck von Stofflichkeit oder sogar einer Realität der »harten Fakten« zu geben.

Sobald ihr ein Gefühl für dieses Pulsieren bekommt, in dem sich Ideen über Bewusstseinseinheiten in Realitätsgebilde verwandeln, werdet ihr nach und nach bewusste Kontrolle über all das bekommen, was ihr Augenblick für Augenblick erschafft. Dieser Zyklus der Manifestation ist das Grundmuster eurer äußeren oder »Tarnungs«-Realität. Das Pulsieren kann unter geeigneten Bedingungen sogar wahrnehmbar werden. Ihr könnt, wie wir es in einem Experiment am Schluss dieses Kapitels versuchen werden, eure ureigene schöpferische Kraft dazu verwenden, die Zeit in eurem persönlichen Wirklichkeitsfeld zu verlangsamen. Bei entsprechender Intention sind eure inneren Sinne dazu in der Lage. Mit den inneren Sinnen nehmt ihr Zeit als etwas Elastisches wahr, und wenn ihr sie so weit verlangsamt, dass Mikrosekunden-Ereignisse wahrnehmbar werden, werdet ihr den Atem des Lebens verfolgen, von dem wir gesprochen haben. Ihr könnt dann sogar beobachten, wie eure Gedanken alles in eurem persönlichen Wirklichkeitsfeld erzeugen und aufrechterhalten.

Um es nicht zu kompliziert und abstrakt zu machen, wollen wir die Kernelemente des Manifestierens am Beispiel der Gebefreudigkeit und ihres Gegenteils betrachten. Wenn ihr anderen von eurem Geld, eurem persönlichen Besitz oder eurer Zeit schenkt – wisst ihr eigentlich, wie viel Gutes damit verbunden sein kann? Aber anders herum, wenn ihr allzu sehr an euren »Sachen« hängt oder ungern Zeit und Geld für andere aufwendet, lebt ihr in einer Bewusstseinsverfassung, die für euch selbst nicht gerade Reichtum verspricht. Und es zeigt sich ja auch. Wenn einer geizig ist, kann er zwar im landläufigen Sinne wohlhabend sein, aber er wird vielleicht nicht viel Genuss daran finden, weil er nicht mit anderen teilen mag.

Glaubt ihr wirklich, dass Fülle und Wohlstand langfristig durch Habgier und Geiz zu sichern sind? Am Ende tut ihr euch viel leichter, wenn ihr bewusst von der Liebe zu euch selbst und anderen ausgeht und eine Kultur des Teilens schafft. Die Bereitschaft zu geben zieht neue Bereitschaft nach sich und alle haben den Nutzen davon. Diese Realitätsgebilde können sich etablieren und nehmen in einem telepathischen geistigen Umfeld ihre jeweilige Gestalt an. Andere von ähnlicher Ausrichtung werden sich von euch angezogen fühlen und dieses neue Weltbild mittragen wollen. Liebe und innerer Zusammenhalt – so werden die neuen Gemeinschaften aussehen, die eurer Welt ein neues Gesicht geben werden.

Die Weisheit des Gelernten

Wissen und Weisheit bezieht ihr aus dem, was ihr in allen Bereichen des Menschseins lernt. Damit wir uns einigermaßen verständigen können, unterscheiden wir beispielsweise den körperliche, psychischen und spirituellen Bereich, die sich natürlich in einem konkreten Leben überlappen. Wo sie verschmelzen und eins sind, werdet ihr wahrscheinlich im Verlauf der entsprechenden Experimente herausfinden.

Gesund zu sein jedenfalls bedeutet unter dem Gesichtspunkt dieser Lernfelder für den Körper, den ihr in eurer gegenwärtigen Inkarnation bewohnt, dass ein gewisser Standard der schöpferischen Manifestation stets gewahrt bleibt. Eure Gedanken, mit denen ihr den Körper und sein Umfeld erschafft, verfügen im Rahmen der Lernschritte, die ihr euch vorgenommen habt, über sehr viel Spielraum, um Gesundheit oder Krankheit zu erzeugen. Nehmen wir beispielsweise an, dass dein jetziger Körper von Geburt an bestimmte Defekte aufweist. Trotzdem könntest du alles in allem gesünder sein als mancher andere, der völlig gesund zur Welt kam. Wir kommen hier auf das Gebiet der »Werterfüllung« über das ich in früheren Büchern eine Menge gesagt habe. Der Lernauftrag einer bestimmten Inkarnation ist nicht so ohne Weiteres an oberflächlichen Indikatoren abzulesen. So wird ein Mensch mit entstellenden Gesichtsmalen oder ähnlichem vielleicht Mitleidsregungen bei anderen auslösen, aber es könnte sein, dass das Seelen-Ich dieses Menschen den scheinbaren Makel als »Ehrenabzeichen« trägt. Die Seele *wählt* nämlich manchmal solch ein Leben mit schweren Entstellungen und entsprechend intensiven Emotionen, um die angestrebten Lernschritte möglichst effektiv zu bewältigen. Hier geht es ernsthaft um die Frage, wie das Leben in einem nicht der Norm entsprechenden Körper in einer würdevollen und annehmenden Haltung zu bewältigen ist. Ein solches Leben kann sehr viel an Seelenweisheit einbringen.

Das trifft natürlich auch auf die Lernerfahrungen zu, die ein »gesegnetes Leben« für euch in der Dreidimensionalität bereithält. Alles-Was-Ist gewinnt durch alle Erfahrungen aller Seelen, wie hoch oder niedrig auch immer. Keine Erfahrung ist besser oder schlechter als andere. Ich verweise alle, die Näheres wissen möchten, noch einmal auf die Diskussion zum Thema »Werterfüllung« in meinen älteren Büchern. Durch die folgenden Experimente werdet ihr diese wichtigen Gedanken vielleicht besser erfassen können.

EXPERIMENT: DIE ZEIT VERLANGSAMEN

Hypothese: Zeit lässt sich für praktische Zwecke dehnen, etwa um etwas genauer betrachten zu können.

Wenn du die inneren Sinne zu deinen Laborwerkzeugen machst, bist du bei deinen Experimenten frei von dem, was du als »die Beschränkungen der Zeit« erlebst. Du weißt, dass Vergangenheit und Zukunft in diesem Jetzt-Augenblick erschaffen werden. Und du kannst mit bewusster Intention erreichen, dass deine Augenblicks-Punkte »elastischer« werden, sodass du mehr »Ellenbogenfreiheit« für deine Studien gewinnst. So kannst du beispielsweise für eine Verlangsamung der Zeit in deinem persönlichen Wirklichkeitsfeld sorgen.

Diese Verlangsamung hast du zweifellos schon erlebt, etwa wenn du mit etwas beschäftigt und ganz in dein Tun versunken warst. Die Zeit kann dann geradezu stehen bleiben. Nehmen wir zum Beispiel an, dass du dir für eine Meditationssitzung eine Menge vorgenommen, aber nur ein paar Minuten Zeit hast. In diesem Fall gibst du deiner Energiepersönlichkeit einfach vor der Meditation deine Intention bekannt, die Zeit für den Augenblick zu verlangsamen oder zu dehnen, damit du zu allem kommst, was du dir vorgenommen hast. Alle, die mit einem Selbstheilungsprogramm begonnen haben, werden das ebenfalls sehr nützlich finden. Du kannst dann nämlich per Intention etliche Stunden Heilungs-Suggestionen in ein paar Minuten unterbringen. Dein höheres Ich oder deine Energiepersönlichkeit wird für die Umsetzung sorgen. Du hast es mit deinem freien Willen so gewählt.

1. Ritual: Schaffung eines geschützten Freiraums.

2. Experiment: Bring deinen Körper mit einer Methode, die dir liegt, in eine entspannte Verfassung. Wenn das erreicht ist, betrachte deine

inneren Sinne, die Entsprechungen deiner Körpersinne Sehen, Hören, Riechen, Berühren und Schmecken. Du wirst diese inneren Sinne wahrscheinlich als irgendwie »traumartig« erleben. Damit meine ich, dass sie von etwas anderer Intensität und anderem Zeitverlauf sein können als die gewohnten körperlichen Sinneswahrnehmungen. Inneres Hören beispielsweise kann von dem Eindruck begleitet sein, dass die Laute in deinem Bewusstsein nachhallen. Du kennst ähnliches vielleicht von deiner Einschlafphase. Die Laute wirken gedehnt, als wäre die Zeit irgendwie verlangsamt.

In diesem Zustand möchte ich dich für unser Experiment haben. Richte wieder einfach deine Intention darauf aus, deine inneren Sinne »einzuschalten« und eine Verlangsamung der inneren und äußeren Zeit zu bewirken. Das mit dem inneren Auge Gesehene wird langsamer, das mit dem inneren Ohr Gehörte wird langsamer. Vielleicht werden sogar das Gefühl der Luft auf der Haut und der Gegendruck deiner Sitzunterlage irgendwie tiefer und »breiter«.

Wenn du eine Verlangsamung der Zeit in deinem persönlichen Wirklichkeitsfeld erreicht hast, legst du deinem Bewusstsein Heilsuggestionen oder Fragen oder was auch immer vor, und zwar mit der Intention, dass dank der von dir erzeugten Zeitverlangsamung eine Lösung gefunden werden kann. Du wirst durch diese Verschiebung der Perspektive vielleicht auch weitere Aufschlüsse über den Gebrauch deiner inneren Sinne bekommen.

3. Ergebnisse: Dokumentiere alles, was du an Bemerkenswertem feststellen konntest.

EXPERIMENT: TRAUMDEUTUNG

Hypothese: Die Energiepersönlichkeit versteht deine Traumsymbolik und kann sie für dich deuten.

Wenn du aufwachst und etwas geträumt hast, notiere dir alles, was noch erinnerlich ist.

1. Ritual: Schaffung eines geschützten Freiraums.

2. Experiment: Nimm durch Meditation oder ein Ritual Kontakt zu deiner Energiepersönlichkeit auf. Wenn das erreicht ist, bittest du um Auslegung des Traums im Hinblick auf die für dich charakteristischen Symbole.

Wo es im Zusammenhang mit den für dich anstehenden Lernerfahrungen um das Verständnis deiner Träume geht, kann dich deine Energiepersönlichkeit mit Deutungen unterstützen. Sie wird dir aber nichts offenbaren, was deinen gegenwärtigen Lernprozess stören könnte.

3. Ergebnisse: Zeichne deine Befunde in der für dich am besten geeigneten Form auf.

EXPERIMENT:
GESUNDHEIT, WOHLSTAND, WEISHEIT

Hypothese: Durch Intention sind Verbesserungen auf den Gebieten Gesundheit, Wohlstand und Weisheit/Wissen zu erzielen.

Wie solche Verbesserungen zu erreichen sind, haben wir im ersten Teil dieses Kapitels besprochen. Grundsätzlich ist es sehr günstig, ein detailliertes Bild von dem vor Augen zu haben, was du auf den Gebieten Gesundheit, Wohlstand und Weisheit erschaffen möchtest. Das Bild soll von der Schwingung deiner Wünsche und Gedanken erfüllt sein, aber auch von dem Gefühl, das sich einstellen würde, wenn du dieses Realitätsgebilde tatsächlich hervorgebracht hättest und buchstäblich vor dir sehen würdest. Vielleicht hilft es dir, erst einmal etwas zu zeichnen oder zu basteln oder zu schreiben, woran du deine kreativen Energien ausrichten kannst.

1. Ritual: Schaffung eines geschützten Freiraums.

2. Experiment: Begib dich mit deinem Kunstwerk, deinem Manifest oder irgendeiner anderen Fokussierungshilfe in einen entspannten Bewusstseinszustand. Du hast vor, die natürlichen Energien der Welt um Mithilfe bei den von dir angestrebten Verbesserungen zu bitten. Man könnte sagen, dass du mit diesen Energien das von dir geschaffene Abbild auflädst, um damit auf der Makro-Ebene das gewünschte Resultat herbeizuführen. Du stellst mit deiner Visualisation die notwendige emotionale Ladung für die Schöpfung des von dir Gewünschten bereit. Wenn alle diese Weichenstellungen erfolgt sind, werden deine inneren Sinne es dir vielleicht mit einem Gefühl von Erfolg signalisieren.

3. Ergebnisse: Dokumentiere wieder alles auf geeignete Weise.

EXPERIMENT: NATÜRLICHE HEILUNG

Hypothese: Du kannst dich und andere über die ätherischen Gitternetze heilen.

Seit *Gespräche mit Seth* habe ich sehr viel über die ätherischen Gitternetze gesprochen, auf denen die Realitäten des Universums ruhen. Sie spielen eine bedeutende Rolle sowohl für die Erschaffung aller Dinge als auch für die Erhaltung des Geschaffenen, aber in der heutigen Zeit wissen die allermeisten Menschen nichts von ihnen. Die Naturvölker andererseits haben sich dieser Gitternetze schon immer für Kommunikation und Austausch mit ihrer natürlichen Umwelt bedient. Durch dieses Experiment werden euch lediglich Praktiken in Erinnerung gerufen, mit denen ihr in anderen Leben und anderen Körpern schon oft und bewusst zu tun hattet.

1. Ritual: Schaffung eines geschützten Freiraums.

2. Experiment: Bring dich mit deiner Übung des Stillwerdens in einen tief entspannten Zustand. Deine Energiepersönlichkeit wird dein Führer sein, und du kannst jetzt fragen, welche Faktoren bei dir und anderen für Krankheit und Genesung wesentlich sind. Die Antworten werden sich als Bilder oder Laute oder andere Sinnesempfindungen einstellen. Vom Bild des Gitternetzes ausgehend, kann es dir so vorkommen, als würde solch ein Geflecht über deinen Körper (oder dein eines anderen) gebreitet. Der Körperbereich, dem das Augenmerk gilt, wird vielleicht aufleuchten oder sich sonst irgendwie abzeichnen.

Im nächsten Schritt geht es darum, diesen Bereich in einen Zustand der Harmonie und Ergänzung mit dem gesamten Körper zu versetzen; wende dazu Mittel an, die du als natürlich und nahe liegend empfindest. Die Mittel und Methoden sind deine persönliche Wahl, aber sie gelangen von deinen inneren Sinnen her in dein Bewusstsein.

Im dritten Band dieser Reihe werde ich darstellen, wie der Leser seine Schwingungsfrequenz willentlich erhöhen kann, um sich aus einem »unheilen« Zustand in den der Gesundheit zu versetzen. Das geschieht natürlich in Zusammenarbeit mit deiner Energiepersönlichkeit. Es besteht die Möglichkeit, einen gegenwärtigen krankhaften Zustand im Traum zu erleben und dort auch – anstatt in der äußeren dreidimensionalen Realität – die notwendigen Lernschritte zu bewältigen.

Darüber wie gesagt im nächsten Buch mehr. Solltest du jetzt bereits auf einem Stand deiner Seelen-Evolution sein, der dir erlaubt, mit solchen Wahrscheinlichkeiten zu experimentieren, kannst du das natürlich tun – aber geh systematisch vor, lass dich von deiner Energiepersönlichkeit anleiten und bedenke, dass du ein *Wissenschaftler* des Bewusstseins bist und deine Experimente gewissen Anforderungen genügen müssen.

3. Ergebnisse: Dokumentiere alles, was du feststellen konntest, vielleicht mit Zeichnungen und schon mit Ideen zu weiteren Experimenten.

6 Schritte zum Besseren

Dialog – 22. April 2004

*»Beharrliche positive Bewertung«, Augenblick für Augenblick –
so hast du mir in einer privaten Sitzung das Heilmittel für negative Gedanken und Realitäten dargestellt. Wie steigt man
in dieses Programm der positiven Bewertung ein, wenn man,
sagen wir, deprimiert ist?*

Gute Frage, Mark. Die Antwort schließt an das an, was ich
dir über dein Traumhaus mit Grundbesitz gesagt habe. Es
geht um ein »Machtgefälle« in deiner Beziehung zu deiner
Welt. Depression besteht im Grunde aus einem Gefühl der
Ohnmacht, die vom Betroffenen als Realität – als ein Rea-
litätsfeld – gesehen und akzeptiert wird. »Feld« heißt, dass er
sämtliche Lebensbereiche davon betroffen glaubt und daher
wirklich alles hoffnungslos aussieht.

So, und wie ich dir, Mark, geraten habe, deine Prägungen
zu knacken und deine Macht von den Menschen und Institutionen, denen du sie einmal überlassen hast, zurückzuneh-
men – genauso rate ich jedem Deprimierten oder gar Depres-
siven, sich aufzuraffen und zu einer *Geste* seines Aufbruchs
in das Reich seiner Macht durchzuringen. Um den Status quo
aufzubrechen und positive Veränderungen in Gang zu setzen, genügt ein einziger wirklich beherzter Augenblick, in
dem du volle Verantwortung für deine eigene Evolution übernimmst. Danach wird es leichter: Du fügst einfach weitere

Augenblicke der persönlichen Verantwortung für deine Entwicklung hinzu, weitere positive Bewertungen und Verhaltensansätze, einen nach dem anderen, und so bahnst du eine erfreuliche Zukunft an. Wenn sich die negativen Energien jetzt wieder aufdrängen wollen, erneuerst du deine Ausrichtung auf eine gute Zukunft *im gleichen Augenblick* und schubst die Kette der Schöpfungsaugenblicke damit wieder aus dem drohenden Stillstand in Richtung Entwicklung zum Besseren. Drücke ich mich verständlich aus?

Ja, es wird allmählich immer klarer. Danke, Seth.

Noch ein Zusatz, Mark. Vergiss nicht, dass du in solchen Augenblicken auf alle deine simultanen Leben einwirkst. Das bedeutet, dass du deinen sämtlichen Ich-Anteilen mit solchen positiven Bewertungen sehr guttust. Ich will vorsichtshalber auch noch das Offensichtliche aussprechen: Wie das morbide, aber eben vertraute Wirklichkeitsfeld eines deprimierten Menschen seinen ganz eigenen Schwung und damit Beharrungsvermögen besitzt, so natürlich auch das neu entstehende Feld der positiven Emotionen und Verhaltensweisen – nur eben ein viel erfreulicheres. Verstehst du?

Ja, Seth. Und darin liegt die ganze Hoffnung, nicht wahr?

Spontaneität

»Spontaneität« ist ein Wort, mit dem wir unser Gespräch über die Erschaffung des Persönlichen Wirklichkeitsfelds noch vertiefen können. Spontan zu sein heißt nach Auffassung mancher, dass man handelt, ohne erst zu überlegen, einfach drauflos, immer dem nach, was der Augenblick gerade an Impulsen bringt. Ich trage vielleicht ein bisschen dick auf, aber Spontaneität steht bei euch wirklich nicht sehr hoch im Kurs. Spontane Leute sind irgendwie »gedankenlos«, »voreilig«, »impulsiv«, stimmt es nicht? Sie sind verantwortungslos, es fehlt ihnen an Reife und Augenmaß.

Wer meine neuen Bücher liest, dem wird aufgefallen sein, dass ich sehr viel für Spontaneität übrig habe, vor allem wenn sie dazu führt, dass lebensbejahende Impulse erkannt und umgesetzt werden. Betrachten wir aber erst einmal, wie die Spontaneität in eurer Gesellschaft so in Verruf geraten konnte.

Die ersten Auswanderer, die nach Amerika kamen, waren von streng puritanischer Ausrichtung. Sie arbeiteten schwer, sie waren tiefreligiös, und eines wussten sie genau: »Müßiggang ist aller Laster Anfang.« Natürliches und spontanes menschliches Verhalten, das nur der Freude im Augenblick dient, wurde in dieser Frühzeit der Erschließung eures Landes möglichst unterbunden, vielfach sogar bei Kindern. Ich spreche hier zwar nur von den Vereinigten Staaten, aber es gibt ähnliche Verhältnisse durchaus auch in anderen Ländern mit anderer Geschichte. Jedenfalls seid ihr als Volk ganz sicher nicht aus reiner Vergnügungssucht in die Welt gesetzt worden. Eure Gesellschaft ist von Anfang an entschieden lustfeindlich gewesen, natürlich mit einigen Ausbruchsversuchen, die den Namen »Gegenkultur« erhielten.

Vor dem Hintergrund dieser Geschichte kann es niemanden überraschen, dass ein Amerikaner – von Ausnahmen abgesehen – nicht gerade ein Ausbund von Spontaneität ist. Für solches Verhalten gibt es in einer Gesellschaft, die Business und Umsatz über *menschliche* Entwicklung stellt, einfach keine positiven Rückmeldungen. Zurzeit befindet ihr euch in einer Phase geradezu militanter Lustfeindlichkeit, wie sie die Welt in neuerer Zeit noch nicht erlebt hat. Und wenn man sich die vielen Umfragen und deren Ergebnisse ansieht, muss man mit einigem Erstaunen feststellen, dass sehr viele von euch diese militante und ablehnende Haltung auch noch gutheißen.

Ich möchte euch eine simple Alternative zu der in eurem Land grassierenden Lustfeindlichkeit ans Herz legen: Sucht in eurem persönlichen Wirklichkeitsfeld Lusterfahrungen, schafft sie euch dadurch, dass ihr euch lustvolle, lebensbejahende Impulse zugesteht und sie lebt. Hier erwarten euch Gefühle einer anderen Art: geborgen zu sein wie ein geliebtes Kind, Wogen der Ekstase – und solche Gefühle sind der Inbegriff dessen, was wir Alles-Was-Ist nennen.

Aber sprechen wir jetzt über *echte* Spontaneität, um Missverständnisse auszuräumen, die bei einigen von euch möglicherweise gegeben sind. Nach einem plastischen Beispiel brauchen wir nicht lange zu suchen, sondern finden es gleich in unserem Gesprächszusammenhang: in der Annäherung an die inneren Sinne und das, was es hier zu lernen gibt. Die erste Voraussetzung für die Aufnahme der Kommunikation besteht darin, dass die Abwehrmechanismen des Ego abgebaut werden müssen. Diese Abwehrmechanismen bestehen darin, dass man die eigenen Überzeugungen, das eigene Weltbild, gegen »Angriffe« durch andere Überzeugungen und Weltbilder verteidigen zu müssen glaubt. Dieses Ego hat die äußeren Sinne in seinem Würgegriff, und solange sich dieser Griff nicht lockert, könnt ihr höhere Mitteilungen – in Gestalt spontaner Impulse – nicht mit den inneren Sinnen wahrnehmen und gegebenenfalls umsetzen. So gesehen kann echte Spontaneität nur zutiefst verantwortungsbewusst und im ethischen Sinne gut sein. Das zeigt aber auch, dass

Spontaneität nicht unbedingt dasselbe ist wie das Verhalten eines, wie ihr vielleicht sagen würdet, »Freigeistes«. Hier bestehen Berührungspunkte zum Thema »junge und alte Seelen«, das im ersten Band angeschnitten wurde. Wir müssen hier etwas weiter gehen, denn der bei euch und in anderen Kulturen sogenannte freie Geist, der jeder Augenblickslaune einfach nachgibt, ist nicht der spontane Geist, den ich meine. Echte Spontaneität setzt ein Unterscheidungsvermögen voraus, das euch darüber informiert, welche im Bewusstsein auftauchenden Impulse dem eigenen Lernprozess und dem Gesamtwohl dienen. Das ist wirklich entscheidend. Der erwachende Mensch nimmt seine Lernaufgaben bewusst und mutig in Angriff, und ihm sind alle Lebenserfahrungen willkommen, seien sie – wie ihr wiederum sagen würdet – positiv oder negativ oder irgendwo dazwischen angesiedelt. Unter dieser Voraussetzung wird das, was einer zur gemeinsamen Manifestation beiträgt, immer positiv und lebensbejahend sein.

Diese Zeit des Erwachens erleben manche von euch unter Bedingungen, die gern »elend« genannt werden. Einige werden im Zusammenspiel mit Allem-Was-Ist gewaltige Kräfte entfesseln und ihre Schwingungsfrequenz noch in diesem Leben so weit erhöhen, dass alles Elend ein Ende hat. Andere werden dieses Leben unter solchen als »elend« empfundenen Umständen zu Ende bringen, dabei aber wissen, dass es einer Abmachung entspricht: Sie haben es mit sich selbst so vereinbart und lernen mutig ihre Lektion, für das eigene Seelen-Ich und für Alles-Was-Ist. *Beide* werden voll erwachen und darin ihr Glück finden, aber nur sie wissen das in der Sphäre der Seele. Für den äußeren Betrachter mag es so aussehen, als wäre dieser Mensch in seinem Elend gefangen, aber in seinen Augen würde man bei genauerem Hinsehen vielleicht den Funken der Seelenweisheit blitzen sehen. Ihr alle seid in ein vielschichtiges dramatisches Geschehen verwickelt, das auf den größten Nutzen für euch selbst und für Alles-Was-Ist angelegt ist.

Negatives Denken

»Wenn negative Gedanken und Vorstellungen negative Ereignisse heraufbeschwören und diese Ereignisse höchst unangenehm sind, warum denken wir dann trotzdem weiterhin negative Gedanken?« Sehr gute Frage. Ich habe dazu früher schon eine Menge gesagt und möchte diesem paradoxen Sachverhalt jetzt noch etwas mehr auf den Grund gehen. Weshalb bleiben Menschen bei negativen Gedanken und Vorstellungen, weshalb erschaffen sie negative Realitätsgebilde und setzen sich den damit verbundenen unangenehmen Gefühlen aus? Der Grund für dieses merkwürdige Verhalten ist darin zu sehen, dass viele dieser »Negativschöpfer« so sehr an ihre in sich selbst kreisenden negativen Gedanken und Glaubenssätze gewöhnt sind, dass sie gar nicht mehr wissen, wie man anders denken und fühlen kann. Sie wissen auch nicht mehr, dass sie ihre unerfreuliche persönliche Realität selbst erschaffen, sondern empfinden sie als »Naturgewalt«. Tatsächlich entwickeln solche Negativschöpfungen mit der Zeit eine erhebliche Wucht und wirken natürlich auf das Denken zurück, sodass der Mensch seinen untauglichen Gedanken und Verhaltensweisen immer weiter verfällt und zu der Überzeugung gelangt, dass gar nichts anderes möglich ist.

In dieser Situation, ganz im Bann des Negativen stehend, hilft mitunter nur noch eine drastische Kehrtwende. Das höhere Ich des Betreffenden inszeniert einen dramatischen Lebenskampf, der ihn vom zunehmend negativen und als zunehmend sinnlos empfundenen Kreislauf seiner Manifestationen ablenkt. Und oft ist dieser Mensch geradezu erlöst, wenn ihm die Chance zu einer anderen Art von Kreativität geboten wird – selbst wenn es sich um eine schwere Krankheit, einen Unfall, eine seelische Krise oder Ähnliches handeln sollte. Die Ablenkung bricht für ihn den Bann des Negativen. Er sieht die Welt mit neuer Klarheit. Bis dahin hatte er eine Art Roboter-Existenz geführt, und jetzt plötzlich erkennt er das Leben als lebenswert und empfindet Dankbarkeit. Solche Chancen zu neuer Kreativität können dazu führen, dass der Körper stirbt, aber die Seele sieht das als ein großes Gelingen, einfach weil der Mensch die Herausforderung angenommen hat und sich auf seine ganz eigene Art mit ihr auseinandersetzt. Es ist die Lektion, für die er gekommen war, und das Gelernte gehört jetzt ihm, der individuellen Seele, aber auch der größeren Wesenheit und Allem-Was-Ist.

Es besteht natürlich immer auch eine andere Wahrscheinlichkeit, nämlich dass du es zu dieser hochdramatischen Zuspitzung gar nicht erst kommen lässt, sondern deine Lernvorhaben ganz direkt angehst, anstatt ihnen auszuweichen. Diese Wahlmöglichkeit steht dir immer offen.

Verständnis

Die Fähigkeit zu liebevollem Verständnis, das ist wirklich eine eurer ganz starken Seiten. Nun gibt es allerdings Liebe und Liebe. Vermutlich versteht jeder von euch etwas anderes unter Liebe. Meine Definition lautet so: »Liebe zu einem anderen ist Bejahung dieses anderen, wie er auch auftreten oder sich äußern oder sich verhalten mag.«

Solche Liebe verdankt sich dem Wissen um die eigentlichen Gründe eures Daseins auf der Erde. Grundsätzlich geht es darum, zusammen mit Allem-Was-Ist eine Existenzform zu schaffen, in der bestimmte Erfahrungen gemacht und bestimmte Dinge gelernt werden können. Jeder von euch befindet sich auf eurem Planeten, um in seiner jeweiligen Nische im Gesamtgefüge aus den Erfahrungen zu lernen, die er dort macht. Wenn dieser Gesamtzusammenhang dir einleuchtet, wirst du zu liebevollem Verständnis für *jeden Einzelnen* auf deinem Weg finden. Ihr seid alle zum gleichen Ziel unterwegs: Seelen-Erkenntnis. Jeder Mensch, mit dem du zu tun bekommst, ist ein Lehrer für dich. Bei all diesen Begegnungen lernst du, und dein Wissen nimmt zu.

Aber Alles-Was-Ist gewinnt dabei auch neues Wissen und neue Erfahrung. Es ist die Energiequelle für alles, was an Schöpfung geschieht. Tatsächlich bist du auf der Erde, um für Alles-Was-Ist Erfahrungen zu machen, und dazu gehört *alles*, was du erlebst, *jeder* Augenblick deines Daseins. In jeder Sekunde des Tages und der Nacht gibt es für dich als Seele etwas zu lernen. Und das gilt nicht nur für das Leben, in dem du eben jetzt dieses Buch liest, sondern für alle deine vielen Leben in anderen Zeitrahmen in Vergangenheit, Gegenwart und Zukunft. Damit wird die Bedeutung irgendeines bestimmten Lebens keineswegs relativiert. Es ist einfach eine Tatsache, lieber Leser. Und wenn du das ganz in der Tiefe erfasst hast, wird sich dieses liebevolle Verständnis für dich ebenso wie für andere einstellen, von dem ich hier spreche.

Kollektive Manifestation

Mit einem Wort, Liebe ist die Antwort. Wenn du ein Dichter wärst, so ganz in Liebe versunken, dass du nur Liebesgedichte schreiben könntest und außerstande wärst, irgendetwas zu empfinden, geschweige denn zu formulieren, was nicht Liebe ist – stell dir vor, wie von *Liebe* erfüllt dein Leben dann wäre.

Stattdessen haben viele von euch eher das von den Medien gelieferte tägliche Quantum Mord und Totschlag, die ach so spannenden Fehden am Arbeitsplatz und all den zynischen Klatsch und Tratsch im Sinn, mit denen ihr die Jetzt-Augenblicke eures Alltags möglichst lückenlos füllt.

Nein, ich will euch nicht alle über einen Kamm scheren, aber ihr alle müsst auf eure kleinen Beiträge zur Schöpfung negativer Realitätsgebilde in eurer Welt aufmerksam werden. Mit negativen Gedanken bist auch du für ungute Manifestationen auf der kollektiven Ebene mitverantwortlich. Das Gleiche gilt für negative Gesten jeder Art. Und nach allem, was ich euch über die Natur eurer Wirklichkeit gesagt habe, kann es nicht anders sein, oder?

Wenn du in einem Land mit ethnischen Spannungen lebst und beispielsweise im Straßenverkehr auf einen Fahrer von anderen Hautfarbe wütend wirst und ihn anbrüllst und vielleicht noch obszöne Gesten machst, trägst du dein Scherflein zur allgemeinen Atmosphäre von Vorurteilen bei. Liegt das nicht auf der Hand? Wenn du dein Kind anschreist, machst du dich mit all der in dieser Zeit grassierenden Kindesmisshandlung gemein. Das ist doch absolut folgerichtig. Du glaubst vielleicht, solches Fehlverhalten sei deine Privatsache und würde nicht weiter zählen, weil es ja niemand sieht. Nein, alles zieht auf telepathischem Wege seine Kreise, wie ich schon mehrfach erwähnt habe. Ihr »wisst« *alle*, was jeder von euch im Sinn hat. Ihr meint nur, ihr müsstet so *tun*, als wüsstet ihr nicht, damit euer Privatleben nicht gestört wird. Aber all das wird bald offenkundig werden, und ich lege euch dringend nahe, euer Denken und Verhalten »aufzuräumen«, damit ihr nicht in dem negativen Denken und Handeln stecken bleibt, das euch jetzt noch so sehr behindert.

Die neue Welt

Und wenn du deine persönliche Wirklichkeit betrachtest und Veränderungen wahrnimmst, die Ausdruck deiner veränderten Überzeugungen sind, und es dir vielleicht ein bisschen schwerfällt, das so zu sehen, weil es sich noch so fremd anfühlt, dann nimm das als Bestätigung dafür, dass du auf dem richtigen Weg bist. Zum Beispiel: Wenn bestimmte ethnische oder andere Gruppierungen bisher Ängste bei dir ausgelöst haben und du jetzt merkst, dass du diese Leute einfach akzeptieren kannst, ja sogar zunehmend magst, dann sei ganz sicher, dass sich deine Seele richtig entwickelt.

Du wirst kaum mit zu viel Liebe Schaden anrichten können. Du kannst nicht zu viel Zuneigung zu deinen Mitmenschen empfinden. Ich rate euch allen, einander *mit aller Macht* zu lieben. Die emotionale Ladung ist nämlich das, was der neuen Wirklichkeit zum Durchbruch verhilft, sodass sie die neue Manifestation, die neue Welt sein kann. Ich rede Mark immer wieder zu, einfach »drauflos« zu lieben, bedenkenlos und vertrauensvoll, und diese Empfehlung gebe ich auch dem Leser meiner Worte. Schaff deine Welt Augenblick für Augenblick durch Ausrichtung auf Liebe und Zuversicht neu, und du kannst anderen dieses Denken, Fühlen und Handeln vorleben.

Wer das auf sich nehmen mag, wird bald Geläufigkeit im Umgang mit den nichtkörperlichen Sinnen bekommen und immer besser wissen, wie die Kräfte der Liebe und Zuversicht einzusetzen sind, und so wird er vielleicht zur Speerspitze einer immer mehr Menschen erfassenden Bewegung gehören – einer Bewegung von Menschen, die ihre eigene Erleuchtung, aber auch die Seelen-Evolution der Menschheit anstreben.

Krieg und Frieden

Wenn sich liebevolles Verständnis endlich echter Wertschätzung erfreut und seine Kraft entfalten kann, um Angst und Zorn abzubauen, bietet sich die Chance für Frieden. Wenn du Frieden möchtest, lieber Leser, kannst du Frieden haben. Du schaffst ihn mit deinen Gedanken. Wenn du keinen Krieg mehr möchtest, kannst du das mit deinen Gedanken erreichen. Deine Intentionen im Augenblick, liebevoll oder eben nicht, spielen dafür eine Rolle. Deine auf Frieden und Verständnis zielenden Gedanken verdichten sich auf der subtilen Ebene und können dann ihre Entsprechungen auf der stofflichen Ebene hervorbringen. Was ist denn die Entsprechung für Frieden, Liebe und Verständnis? Eine Welt, in der die Menschen *einfach keinen Krieg dulden*. Krieg kann sich von Frieden, Liebe und Verständnis nicht ernähren. Da verhungert er ganz einfach. Krieg und Gewalt verblassen unter diesen Umständen allmählich zu Erinnerungen, und die liebevollen, friedvollen, verständnisvollen Gedanken der Bejahung aller eurer Mitmenschen verschafft neuen, lebensbejahenden Realitätsgebilden Eingang in eure Welt.

Deine Wirklichkeit sagt dir, wo du stehst

An deinem persönlichen Wirklichkeitsfeld kannst du ganz direkt ablesen, wie es um deine Geistesverfassung bestellt ist. Du kannst dir jederzeit die von dir geschaffene Wirklichkeit ansehen und dich so vergewissern, wo du gerade stehst. Das setzt natürlich voraus, dass du deine Lernvorhaben kennst und dir der spirituellen – oder soll ich sagen »metaphysischen« – Grundlagen deines »physischen« Lebens bewusst bist. Wenn du nicht genug über deine Lernaufgaben zu wissen glaubst, bitte einfach bei deinem nächsten Austausch mit deiner Energiepersönlichkeit um mehr Aufschluss über die Aufgaben dieser Inkarnation – und warte die Antwort ab. Du wirst eine direkte telepathische Antwort bekommen, die das an Information enthält, was für dich eben jetzt gut zu wissen ist. Die Antwort kommt vielleicht auch ganz anschaulich durch irgendein dramatisches, vielleicht auch komisches Geschehen in deinem Lebensumfeld. Solche Ereignisse heben sich stark vom Einerlei deines Alltags ab. Du wirst sie als verblüffend treffend, als Aha-Augenblicke erleben und spüren, dass es sich um Augenblicke des Lernens oder des Aufwachens handelt. Wenn dir so etwas begegnet, wirst du Bescheid wissen, denn du hast die Situation *selbst herbeigeführt*, um die Entwicklung deiner Seele voranzutreiben.

Sicher hast du schon solche wachrüttelnden Augenblicke erlebt, die von großer Tiefe, aber nicht tragisch, sondern komisch und erheiternd waren. Plötzlich siehst du dich als Mittelpunkt eines kosmischen Witzes, alles ringsum scheint sich gegen dich verschworen zu haben, und das Ganze ist in seiner Wirkung komisch und symbolisch. Sicher kennt ihr alle solche Vorfälle, aber sie lassen sich nur zu leicht als »zufälliges Zusammentreffen« wegerklären. Es handelt sich aber um eure Reinkarnationskomödien, Lernaugeblicke der absurden und ironischen Art. In solchen eher komischen Augenblicken des Lernens bietet sich euch – genauso wie in den Reinkarnationstragödien eures Lebens – die Chance, negative Regungen wie Verlegenheit, Scham, Ärger und Angst in Liebe und Verständnis zu verwandeln. Behaltet einfach im Sinn, dass solche dramatischen oder komischen Lernerfahrungen immer die Chance zu *augenblicklicher Transformation und Seelenentwicklung* bieten. Ich kann euch, meinen Lesern, nur raten, aus solchen Erfahrungen etwas zu machen.

Dialog – 9. April 2004

Gibt es etwas über die gegenwärtige unerfreuliche Realität zu sagen?

Ein paar Anmerkungen, Mark. Mit negativen Gedanken über den Krieg oder irgendetwas machst du dich mit den dunklen Kräften gemein. Ring dich dazu durch, all das liebevoll zu betrachten. Liebe ist die stärkste Kraft des gesamten Universums. Konzentriere dich auf Liebe zu allem und jedem, auch zu den Kriegstreibern. Hasserfüllte Menschen sind nur auf eine Art zu überzeugen, nämlich dadurch, dass du ihnen mit allem, was du tust, bedingungslose Liebe vorlebst. Du kannst Frieden stiften, Mark, wenn du das Ablehnende in dir in Liebe und Hass in sein Gegenteil verwandelst. Das gewinnt die Menschen für den Frieden und wird dir ermöglichen, in der vierten Dimension zu bleiben. Die Devise lautet: üben, üben, üben.

Beharrliche positive Bewertung

Ihr Menschen erlebt gegenwärtig den Zerfall eurer gesellschaftlichen Grundstrukturen. Das ist im Westen besonders gut zu verfolgen, die Medien breiten ja das gewaltige Krachen im Gebälk eurer Institutionen täglich vor euch aus. Diese Medien leben von Negativmeldungen, weshalb ich sie auch »Negativmedien« nenne. Sie geben allen Ereignissen in der Welt einen entschieden negativen Drall, um die schlimmstmögliche Deutung verbreiten zu können – kurz, sie appellieren an das Niedere im Menschen. Es gibt im Medienbereich sehr wenige Stimmen, die etwas anderes sagen, und so werden hier alles in allem die Negativerfahrungen der Menschheit verstärkt und zementiert.

Wer mit offenen Augen in die Dimension des geeinten Bewusstseins überwechseln möchte, tut gut daran, sich von den Negativmedien in allen ihren Spielarten loszusagen. Ich habe im vorigen Band davon gesprochen, dass Bilder und Berichte von Gewalt entsprechende biochemische Reaktionen in eurem Körper auslösen, die dazu führen, dass ihr immer mehr davon sehen, hören und lesen wollt. Es wird mit der Zeit eine Sucht, ihr werdet geradezu »abhängig« von Negativmeldungen, abhängig von dem Adrenalinstoß, den sie in eurem Körper auslösen.

Wenn ihr euch außerdem daran erinnert, wie die negativen Wesenheiten mit ihren Machenschaften Befürchtungen und Ängste zu schüren versuchen, werdet ihr sicher verstehen, weshalb die tägliche Berieselung mit Gewalt verherrlichenden Filmen oder Meldungen über Gewaltakte diese dunklen Kräfte massenhaft anziehen, bis in eurer geistigen Welt kaum noch Platz für Liebe, Mitgefühl und andere menschliche Tugenden bleibt.

»Aber, Seth«, wird jetzt mancher fragen, »wie kann ich mich gegen diese Medien schützen, ich bin doch praktisch umzingelt. Sie sind allgegenwärtig. Nicht einmal auf dem Weg zur Arbeit oder in die Schule oder in die Kirche entgehe ich ihnen.« Ich verstehe euer Dilemma, und ich weiß auch eine Antwort.

EXPERIMENT: BEHARRLICHE POSITIVE BEWERTUNG

Hypothese: Wenn du alles, was dir begegnet, positiv bewertest, schaffst du dir eine gute Zukunft.

Bevor du in die Welt hinaustrittst, führst du dein Ritual zur Schaffung eines geschützten Freiraums aus, und zusätzlich empfehle ich dir, alles, was dir da draußen begegnet, positiv zu bewerten. Du kannst das üben, bis es dir zur Selbstverständlichkeit wird, zu einer Gewohnheit, die du täglich weiter verstärkst. Dazu jetzt ein Experiment, das wieder auf Übungen aus dem ersten Buch aufbaut.

Nehmen wir an, es beginnt gerade ein neuer Tag für dich. Du bist aufgewacht, hast die Augen geöffnet und befindest dich vielleicht gerade auf dem Weg zum Bad.

1. Ritual: Schaffung eines geschützten Freiraums.

2. Experiment: Das Ritual dürfte dir inzwischen sehr geläufig geworden sein und nimmt vielleicht nur noch ein paar Sekunden in Anspruch. Anschließend gehst du sofort dazu über, dich gleichsam zwischen die Augenblicke deines Tagesablaufs zu schieben. Dazu sagst du dir: »Es ist nicht schwierig, in jeder Wahrnehmung, in einer nach der anderen, das Gute zu entdecken.«

Das soll deine Einstellung für den Tag sein: Du denkst an dein Ritual; du behältst im Blick, dass du deine Wirklichkeit aus Überzeugungen, Anschauungen und Vorstellungen über die Welt aufbaust; und du vergisst nicht, jeden neuen Wahrnehmungsaugenblick positiv zu bewerten. Ahnst du schon, wie die positiven Bewertungen Augenblick für Augenblick eine positive Zukunft vor dir entstehen lassen? Du rollst die positiven Augenblicke vor dir aus, sie sind der Weg in deine Zukunft.

[Ein Gedanke anschließend: Dieses Experiment ist besonders hilfreich, wenn man den Negativmedien nicht ausweichen kann, aber natürlich trotzdem die Wahl hat, sich Filme oder Berichte über Gewalt gar nicht erst anzusehen.]

3. Ergebnisse: Vergiss nicht, alles genau zu notieren, was dir bei diesem Experiment auffällt.

EXPERIMENT: ANGST UND ÄRGER TRANSFORMIEREN

Hypothese: Mit deiner Intention kannst du Angst und Ärger in Mut und Verständnis umwandeln.

1. Ritual: Schaffung eines geschützten Freiraums.

2. Experiment: Denk an irgendetwas, das dich in letzter Zeit geängstigt oder geärgert hat. Da fällt dir doch sicher etwas ein [schmunzelnd]. Jetzt hast du es in deinem geistigen Raum aktiviert. Male es dir noch weiter aus, bis es ganz lebendig und real geworden ist. Ein paar Sekunden lang … und dann sagst du innerlich: »Stopp!«, zusammen

mit der bewussten Absicht, das Energieniveau dieser Vorstellung jetzt zu senken. Dazu kannst du dir irgendeinen Reguliermechanismus vorstellen, den du zurückdrehst, und zugleich machst du dir bewusst, dass du von einer Woge der Ekstase – deinem Seelen-Ich – getragen bist. Du kannst deine Energiepersönlichkeit oder andere Führer um Mithilfe bitten. Wenn du positive Regungen wie Liebe und Mitgefühl erlebst, koste sie ein paar Sekunden lang aus. Dann beendest du das Experiment in der Absicht, deinen weiteren Vorhaben für den Tag nachzugehen und dabei diesem Gefühl von Ekstase nachzuspüren, das sich nach dem Experiment noch für eine Weile halten wird.

3. Ergebnisse: Dokumentiere alles, aber halte diese Anwendungsform der inneren Sinne vor allem innerlich wach für die nächste Situation, die Angst oder Ärger bei dir auslösen könnte.

7 Die vierte Dimension und darüber hinaus

Dialog – 13. April 2004

Wenn du sagst, dass Lichtwesen die Menschheit auf diese neuen Botschaften vorbereiten, meinst du dann, dass diese Geist-Führer irgendwie auf das Bewusstsein ihrer menschlichen Entsprechungen einwirken?

Ja, Mark, darauf will ich in der Tat hinaus. Menschen folgen überall auf der Welt einem »Impuls«, die Grundzüge ihrer Realität infrage zu stellen. Und manche von denen, die sich neue Fragen stellen, werden erstaunt bemerken, dass sie Antworten erhalten.

Dialog – 18. April 2004

Ich habe das Gefühl, dass du etwas sagen willst. Stimmt das?

Ja, Mark. Danke für das Grundgerüst, das du für die Inhalte anlegst, die wir vermitteln wollen. Du hast eben überlegt, ob du nicht zu viel des Guten auf eigene Faust tust, wenn du Kapitelüberschriften und dergleichen formulierst … Vergiss nicht, ich bin nie weit weg, was dieses Projekt angeht. Als interdimensionales Wesen kann ich zum Beispiel den Platz direkt über deiner Schulter einnehmen und dir zusehen, während du tüftelst. Ich bin sogar in deinem Bewusstsein, wenn du mich einlässt. Kurzum: Nein, gar nicht. Wir arbeiten auch dann zusammen, wenn du meine Gegenwart nicht spürst. Wenn du mich also aus freiem Willen bei deinen Unternehmungen dabei sein lässt, bin ich da, darauf kannst du dich verlassen.

Die Seelenfamilie

Mit deiner Seele sind Wesen aller Art verbunden. Manche sind in anderen Inkarnationen auf der Erde deine Führer oder Freunde gewesen. Andere Energiekörper wachen seit dem Beginn dessen, was du Zeit nennst, über dich und deine Seelenfamilie. Für jeden von euch gibt es solch eine Konstellation von Energiekörpern, und je nach dem Stand eurer spirituellen Entwicklung, eurer Seelen-Evolution, könnt ihr zu einigen oder allen Kontakt aufnehmen. Sie warten darauf, von euch gerufen zu werden. Die Menschheit befindet sich jetzt auf einem Entwicklungsstand, wo es notwendig wird, diese Verbindungen zum höheren Ich herzustellen. Und das muss vor dem Übergang in die vierte Dimension auf möglichst breiter Basis geschehen.

Sprechen wir, um das noch deutlicher zu machen, über den Begriff der »Seelenfamilie«. Jeder von euch lebt in einer Herkunftsfamilie, also der Familie, in der er aufwuchs. Die Mitglieder dieser Familie sind deine Angehörigen. Unter diesen Menschen, mit denen du nicht unbedingt auch im genetischen Sinne verwandt sein musst, sind einige, die zu deiner Seelenfamilie gehören. Es handelt sich um die Seelen, die sich jetzt mir dir inkarniert haben, um zusammen mit dir zu lernen.

Diese Angehörigen deiner Seelenfamilie sind vielleicht im Laufe der Jahrtausende schon an unzähligen Familienkonstellationen beteiligt gewesen, vielleicht sogar in anderen Sonnensystemen, auf anderen Planeten und so weiter. Hauptsächlich hat sich die Entwicklung deiner Seelenfamilie jedoch auf der Erde abgespielt. Angehörige einer Seelenfamilie reinkarnieren sich gemeinsam in verschiedenen Rollen, mit wechselndem Geschlecht und unterschiedlichem Temperament, um für die Gesamtwesenheit – das übergreifende Kollektiv von Seelen, in dem deine Seelenfamilie beheimatet ist – und natürlich für Alles-Was-Ist Erfahrungen zu sammeln.

Zu erwähnen bleibt noch, dass auch Menschen, die du nicht als »Angehörige« betrachten würdest, zu deiner Seelenfamilie gehören können. Das könnte die Kassiererin im Supermarkt um die Ecke sein, die du als sehr anziehend oder vielleicht als besonders unangenehm empfindest; es kann irgendwer in deinem näheren Lebensumfeld sein, der irgendwelche starken Gefühle in dir auslöst. Aber betrachten wir die Seelenfamilie einfach als die kleine Gruppe von Leuten, die aktiv an den Reinkarnationsvorhaben deines gegenwärtigen Lebens teilhaben. In dieser »Primärgruppe« lernst du, was du zu lernen hast, und bei den anderen ist es ebenso.

Wenn du den Gebrauch deiner inneren Sinne erlernst, wirst du herausfinden, welche Lernaufgaben durch deine gegenwärtige Seelenfamilie gegeben sind, vielleicht erfährst du sogar etwas über »frühere« Leben, die noch nicht sehr lange »zurückliegen«. Wenn diese Zusammenhänge dich interessieren, kannst du sie bei den Experimenten im Auge behalten. Die Verbindungen werden dir »einfallen«, wenn du deine Forschungsergebnisse zu einem Bild fügst.

Schlaf und Astralreise

Schlaf ist für die Gesundheit von Körper, Seele und Geist wesentlich, weshalb wir uns jetzt damit befassen wollen. Deine gemeinsamen Abenteuer mit deiner Seelenfamilie ziehen sich lückenlos durch alle deine Tage und Nächte. Im Traum wirst du deine Seelenfamilie mitunter anders wahrnehmen als im Wachzustand, und dies nicht unbedingt im Zeitrahmen deiner gegenwärtigen Inkarnation, sondern manchmal auch im Zusammenhang mir früheren oder zukünftigen Leben. Wenn du deine Träume verfolgst, werden dir möglicherweise Gesichter bewusst werden, die dir »fremd und doch vertraut« sind. Bei diesen »schwer unterzubringenden« Gestalten könnte es sich um Angehörige deiner Seelenfamilie handeln, die auf der subtilen Ebene irgendetwas zusammen mit dir zu tun haben. Ich will es dabei belassen und lege dir nahe, diese Dinge auf eigene Faust zu erforschen.

Ihr wisst, dass der Körper sich während des Schlafs ausruht und erholt. Das Bewusstsein ist in dieser Zeit größtenteils außerhalb des Körpers unterwegs und durchstreift eure dreidimensionale Welt, aber auch andere Dimensionen. Eure Seele ist demnach mit allen möglichen Dingen beschäftigt, während euer Körper ruht und neue Kraft schöpft.

Ihr habt für diese Ausflüge den Namen Astralreise geprägt, und er ist durchaus passend. Ihr sucht im Schlaf wirklich die astralen Ebenen auf, allerdings nicht bloß zum Zweck eines Besuchs dieser nichtstofflichen Bereiche. Solche Reisen dienen ganz unterschiedlichen Zwecken. Die Seele findet auf ihren Wegen zwischen den Dimensionen Ruhe und Erholung. Es sind Wege, die euch durch zahllose Ausflüge während eurer Inkarnationen und zwischen den Leben sehr vertraut geworden sind. Ihr kennt euch auf den Pfaden in den Gitternetzen der höheren Dimensionen so gut aus wie auf dem Weg zum Markt in eurer dreidimensionalen Welt.

Viele von euch sind an gemeinschaftlichen Projekten auf den subtilen Ebenen beteiligt. Ohne den Körper spielt Zeit keine Rolle mehr, und jede Ortsveränderung geschieht augenblicklich. Du nimmst dir einfach einen bestimmten Zielpunkt vor, und schon bist du da. Es kann zum Beispiel sein, dass du Menschen beruhigst und tröstest, die gerade etwas Tragisches erleben. Du sprichst ihnen im Traum Mut zu – genauso wie es andere vielleicht bei dir tun, wenn du schläfst.

Im Übrigen befasst sich das Bewusstsein im Schlaf auch mit der Gestaltung dessen, was dann auf lokaler und übergreifender Ebene die Realität eures Wachzustands sein wird. Ihr schafft im Schlaf sozusagen den Rahmen für eure Wirklichkeit. Nach dem Aufwachen arbeitet ihr jeder für sich die Einzelheiten aus, das heißt, ihr wählt aus dem unerschöpflichen Fundus wahrscheinlicher Realitäten diejenigen aus, die euer persönliches Wirklichkeitsfeld sein werden.

Außerirdische

Ich will gewiss an keine Sensationslüsternheit appellieren, aber wir müssen kurz über dieses Phänomen des Kontakts mit Außerirdischen sprechen. Wir haben dieses Thema schon im ersten Buch gestreift, und kürzlich habe ich auf die Anfrage eines Lesers geantwortet, der sich über die Quelle des gechannelten Materials in einer eurer populären Buchserien erkundigte. [Siehe dazu »Fragen an Seth« am Schluss des Buchs.] Diese Bücher enthalten gechannelte Botschaften von Wesenheiten, die sich als biblische Gestalten vorstellen. Ich nenne keine Namen und möchte überhaupt zu diesem

Thema nur das sagen, was ich preisgeben kann, ohne damit Einfluss auf eure Evolution zu nehmen. Mir ist es, wie ich im ersten Band schon sagte, nicht erlaubt, irgendetwas mitzuteilen, was euch daran hindern könnte, eure eigenen Fragen zu stellen und eure eigenen Antworten zu finden. Also: Die Buchserie, von der wir sprechen, ist außerirdischen Ursprungs. »Außerirdisch« ist allerdings ein ziemlich unpassender Ausdruck. Diese Wesen sind in dem Sinne, in dem ich das Wort hier gebrauche, »interdimensional«, das heißt, sie können zwischen den Dimensionen wechseln und sind nicht etwa im Weltraum oder noch dahinter zu Hause. Sie sind dir, lieber Leser, so nah wie deine unmittelbare körperliche und geistige Umgebung. Man kann sich relativ leicht auf ihren »Kanal« abstimmen, und etliche von euch tun das ja auch.

Alles in eurer Realität besitzt Bewusstsein. Wie würde euch Menschen eine Mikrobe mit ihrem ganz eigenen Bewusstsein, ihrer eigenen Intelligenz und ihren eigenen Kräften erscheinen, solltet ihr versehentlich den »Mikrobenkanal« einstellen? Wem das passiert, der wird vermutlich glauben, er habe es mit Wesen aus dem Weltraum zu tun. Doch mehr dazu später.

Dialog – 8. April 2004

Seth, in welcher Beziehung stehst du zu meinen anderen Führern, die sich zu erkennen gegeben haben?

Diese Beziehungen kannst du dir als eine Art Ahnentafel vorstellen – aber es sind natürlich keine Verwandtschaftsbeziehungen in eurem Sinn gemeint, die ja, wie gesagt, ohnehin selten richtig gesehen werden. Die Beziehungen, die ihr zwischen Vorfahren und Nachfahren seht, beruhen mehr auf Zufällen als auf genetischen Zusammenhängen … nein, schreib lieber: auf Wahrscheinlichkeiten.

Aber zu deiner Frage. Vor ein paar Monaten habe ich dich angeleitet, die Kommunikation mit deiner Energiepersönlichkeit aufzunehmen und dazu erst einmal als gegeben anzusehen, dass du einen Geist-Führer hast. Sobald erste Mitteilungen erkennbar wurden, sollest du nach dem Namen fragen. Es tauchten ziemlich bald mehrere Namen auf, und du warst wirklich mit Wesen in Kontakt, die sich M*, K* und K* nannten.

Dein Geist-Führer ist dagegen eine sehr persönliche Sache, so als wäre eigens für dich ganz persönlich und für deine besonderen Bedürfnisse eine Energiepersönlichkeits-Essenz geschaffen worden, wobei die jeweils besonderen Eigenschaften aus der übergeordneten und umfassenden Wesenheit abgeleitet werden. Darüber gibt es dann wieder umfassendere energetische Ganzheiten und so immer weiter, immer komplexer, bis man schließlich zum Allem-Was-Ist kommt, der Energiequelle, aus der alle Wirklichkeiten in allen Dimensionen »geschöpft« werden. Kannst du damit etwas anfangen?

Ja, Seth, das klärt in der Tat einiges.

Dann will ich noch einen Schritt weiter gehen … und benutze dazu deine wunderbare kleine Metapher von der Senderabstimmung am Radio. Stell dir Alles-Was-Ist als die Gesamtheit aller Radiowellen vor. Über verschiedene Stellungen des Senderknopfs erreichst du all die »gechannelten Quellen«, wie wir von euch genannt werden, du drehst vor und zurück und stimmst deinen Empfänger auf unterschiedliche energetische Wellenlängen von Allem-Was-Ist ab.

Nehmen wir an, dass ich ganz links auf deiner Sender-skala stehe, und wenn du deinen metaphorischen Sender-knopf dorthin drehst, empfängst du über deine Antennen – die Chakra-Rezeptoren des menschlichen Körpers – den Sender Seth. Drehst du nach rechts bis zur Position M*, empfängst du das Programm dieses Energiekörpers und so weiter.

Diese Metapher tut wirklich gute Dienste. Der Leser kann daraus eine Visualisation zur Einstimmung auf seine eigenen Führer machen und daraus mit der Zeit ein Ritual werden lassen, mit dem er für sich selbst die Verbindungen herstellen kann. Die Ritualisierung dieser Schritte durch Wiederholung, durch Übung, wird euch für eure spirituelle Evolution eine große Hilfe sein. Das ist der erste Schritt, Mark. Ist deine Frage damit beantwortet?

Ja, und besonders gut gefällt mir deine Ausweitung der Metapher.

Die Intergalaktische Bruderschaft des Lichts

Bei der Zusammenarbeit an unserem ersten Buch habe ich meinen beiden neuen Sprechern dazu verholfen, Verbindung zu einer Gruppe von Energiekörpern aufzunehmen, die in anderen Dimensionen als der euren beheimatet sind. Sie sind mit der Menschheit auf der Erde schon sehr lange in Kontakt. Naturvölker vorgeschichtlicher Zeit haben schon immer um diese Wesen gewusst, aber auch in historischer

Zeit waren sie visionär begabten Menschen nicht unbekannt. Die Namen, die ihnen gegeben wurden, sind natürlich unterschiedlich, je nach den Wahrnehmungsgewohnheiten der betreffenden Gesellschaft.

Es handelt sich hier um eine sehr sanftmütige und liebevolle Art von Wesen. Sie sind deshalb in vielen Kulturen als gottähnliche Wesen oder Engel verehrt worden. Auch für euch sind sie erreichbar und jederzeit bereit, ein Gespräch aufzunehmen. Da sie interdimensional existieren, könnten sie für euch das Bindeglied zwischen ferner Vergangenheit, Gegenwart und Zukunft sein. Das gilt für alle Energiekörper, mit denen ihr vielleicht in Berührung kommt, aber die Mitglieder dieser Gruppe stehen für die Entwicklung von Frieden und Verständnis in der nichtkörperlichen Wirklichkeit und könnten deshalb besonders wertvolle Ratgeber für euch sein, zumal sie auch sehen, dass ihr als Menschheit vor dem Übergang in die Vierdimensionalität steht und eure Liebesfähigkeit und Verständnisbereitschaft der entscheidende Faktor dafür sein wird. Diese Gruppe trägt den Namen Intergalaktische Bruderschaft des Lichts.

Dialog – 12. Dezember 2004

Mark: Seth, könntest du mich mit der Intergalaktischen Bruderschaft des Lichts verbinden? Ich hätte zu gern ein kleines Gespräch mit ihnen in unserem neuen Buch – natürlich nur, wenn du einverstanden bist.

Seth: Ja, Mark, die Bruderschaft ist nur zu gern bereit, mit dir zu sprechen. Du hast ja früher schon einmal mit ihnen gesprochen, wie du dich wohl erinnerst. Und vielleicht möchtest du dazu später noch etwas sagen. Gut, ich werde die notwendigen Verbindungen knüpfen. Du wirst deinen Empfänger sicher auch noch justieren müssen …

IBL: Lass dir ruhig Zeit, bis du die Verbindung hast. Wir sind da.

Wer seid Ihr?

Wir sind die Intergalaktische Bruderschaft des Lichts. Wir hatten früher schon einmal ein Gespräch mit dir [in meinem Arbeitszimmer daheim], und vor etlichen Monaten haben wir in deiner Praxis einmal mit deiner Partnerin Cas gesprochen.

Könnt ihr mir irgendetwas über euch erzählen, zum Beispiel wie ihr ausseht?

Wir werden sehen, ob wir deinem Bewusstsein unser Erscheinungsbild eingeben können [was tatsächlich geschah]. Dir wird gleich auffallen, dass wir der Klasse derer angehören, die ihr »Aliens« nennt. Bei uns ist der Kopf im Verhältnis größer als bei euch. Auch unsere Augen sind größer als eure. Statt einer Nase siehst du bei uns nur Spaltöffnungen wie bei euren Reptilien. Unser Körper ist eher klein und schmal, Arme und Beine sind lang und schlank, die Finger ebenso. Wir besitzen kein Haar. Unsere Haut wirkt grau. Manche eurer UFO-Forscher nennen uns »die Grauen«.

Woher kommt ihr? Wo seid ihr zu Hause?

Unsere Heimat liegt in der Zukunftsdimension der Erde. Wir sind das, was ihr, die Menschheit, in der weiteren Zukunft sein werdet.

Wie seid ihr von den Menschen dieser Zeit entdeckt worden? Wie kommt es zu Begegnungen?

Jedenfalls nicht zufällig. Unsere Annäherungsbemühungen an die Menschheit sind Teil eines größeren Plans, euch Menschen mit unserer Kultur vertraut zu machen. Wir möchten euch in der größeren Realität willkommen heißen, zu der ihr gehört, auch wenn ihr das gegenwärtig noch nicht begriffen habt.

Dann seid ihr also freundlich gesinnt. Manche denken, dass ihr Böses mit uns vorhabt.

Ganz im Gegenteil. Wir kennen nur Liebe. Und wir leben von Liebe, ganz buchstäblich. Liebe ist die Kraft, die das Ganze der Wirklichkeit in Gang hält. Wir wissen das schon und nutzen die Energie der Liebe. Einige eurer negativen Energien, die eher gefährlichen, versuchen uns in ein schlechtes Licht zu rücken. Diese Kräfte hätten es natürlich lieber, wenn wir gar nicht erst ins Spiel kämen, damit sich die finsteren Kräfte in aller Ruhe die ganze Erde unterwerfen können. Das lassen wir nicht zu. Deshalb teilen wir uns einigen von euch mit. Wir haben nichts Schlechtes im Sinn. Wir wollen euch nur helfen, die Übernahme der Erde durch dunkle Kräfte zu verhindern.

Könnt ihr Näheres über diese dunklen Kräfte sagen?

Nun, Bewusstsein ist das, was alles erschafft, und dabei kommen positive und, wie ihr sagen würdet, »negative« Schöpfungen heraus. Aber Bewusstsein geht aus Liebe hervor, und in den Armen der Liebe ist Platz für alles vom Bewusstsein Geschaffene, selbst wenn es das Gegenteil von Liebe ist. Da Liebe die Grundlage aller Wirklichkeiten ist, besteht immer ein »Gefälle« in Richtung Liebe, die Tendenz, schließlich zu ihr zurückzukehren. Ihr Menschen steht gegenwärtig am Ende eines Zyklus. Für manchen von euch, vor allem in den Vereinigten Staaten, sieht es so aus, als wollte euch das Dunkel verschlingen. Aber lasst euch sagen, dass sich Millionen von Lichtwesen, darunter wir, gegen die scheinbare Übermacht des Finsteren stellen. Wir helfen euch, aber ihr müsst ebenfalls das Eure tun. Ihr könnt euch durch Liebe aus dieser misslichen Lage befreien. Macht die Liebe in euch selbst und in euren Beziehungen zu anderen stärker, und ihr schafft eine Kraft, gegen die das Negative in eurer Welt nichts ausrichten kann. Je entschiedener ihr euch der Liebe zuwendet, desto eher könnt ihr die Pläne der finsteren Kräfte durchkreuzen. Wir möchten, dass ihr uns als Verbündete in eurem Bemühen um Entwicklung zur Liebe erkennt. Wir sind nicht gegen euch. Aber die negativen Energien haben uns schlechtgemacht. Erwarte unser Auftreten auf der Weltbühne, wo wir uns – die Menschheit und die Lichtkörper – zusammentun werden, um das Finstere zu stürzen. Das ist alles. 12 Uhr 12. [Es war tatsächlich gerade zwölf nach zwölf an diesem Mittag des zwölften Dezember.]

EXPERIMENT: KONTAKT ZUR INTERGALAKTISCHEN BRUDERSCHAFT DES LICHTS AUFNEHMEN

Hypothese: Unter den Lichtkörpern stehen uns die Mitglieder der IBL am nächsten und sind am leichtesten zu erreichen.

Du kannst herausfinden, welchem Wesen oder welcher Gruppe von Wesen du aufgrund des Standes deiner Seelenentwicklung besonders nahestehst. Frag deine Energiepersönlichkeit, welche anderen Wesenheiten deine Seele verwandt ist und »wo« sie sich aufhalten. Die Intergalaktische Bruderschaft des Lichts steht dir, meinem Leser, besonders nahe, weil es für sie um das Gleiche geht wie für dich. Sie sind auf dem Pfad der Liebe und des Verständnisses, und du bist es auch. Deshalb meine Anregung, dass du zuerst zu dieser Gruppe Verbindung aufnimmst und von da aus dein Forschungsfeld erweiterst.

Du hast bei deinen Experimenten nichts zu fürchten. Wie ich schon mehrfach gesagt habe, gehören die allermeisten von euch sehr wahrscheinlich zur Seth-Wesenheit und sind ohnehin direkt mit den Energiekörpern verbunden, von denen hier die Rede ist. Die Seth-Wesenheit ist, wie ebenfalls schon gesagt, sehr umfassend, und zurzeit kommt es zu einer Art »Familientreffen« auf den subtilen Ebenen. Ihr könnt davon ausgehen, dass ihr mit allen Kommunikationen dieser Art alte Beziehungen neu knüpft. Befürchtungen und Misstrauen werden nachlassen, wenn Erinnerungen an diese Verbindungen in der Form von höheren Eingebungen oder Impulsen auftauchen. Da ich, Seth, dieses Buch schreibe, kannst du sicher sein, dass ich alles in meiner Macht Stehende tun werde, um dir bei der Kontaktaufnahme zu diesen Energiekörpern der Liebe zu helfen und dich auf dem Weg der Entwicklung deiner Seele anzuleiten. Du wirst es spüren und dann *wissen*, dass es wirklich so ist. Als Lichtwesen stehe ich in dieser Zeit des Erwachens ständig bereit, um der Menschheit zu dienen und euch zu unterstützen.

1. Ritual: Schaffung eines geschützten Freiraums.

2. Experiment: Bring dich in einen entspannten Bewusstseinszustand. Du hast dir mit den Experimenten der vorangehenden Kapitel diverse Bewusstseinsebenen erarbeitet und kannst auf die daraus gewonnene Sicherheit jetzt zurückgreifen und dir vornehmen, diesen liebevollen Wesen zu begegnen. Deine Intention ist so stark, dass sie geradezu *Erwartung* wird. Wenn der Kontakt zustande kommt, merkst du das daran, dass Mitgefühl und Liebe spürbar werden. Es kann sein, dass du eine große Fremdartigkeit empfindest, die dir nicht ganz geheuer ist. Aber du hast gelernt, Angst und Ärger in Liebe und Verständnis zu verwandeln, und diese Fähigkeit kann dir auch hier helfen, dich vom oberflächlichen Erscheinungsbild nicht abschrecken zu lassen. Die Angehörigen der Intergalaktischen Bruderschaft des Lichts sind *du*, lieber Leser, in deiner vieldimensionalen Zukunft. Unter diesem Gesichtspunkt wirst du den Kontakt vielleicht als Heimkehr empfinden. Und wenn du spürst, dass die Begegnung zu Ende ist, kehrst du langsam in dein dreidimensionales Bewusstsein zurück.

3. Ergebnisse: Halte alles fest, was du bei deiner Begegnung mit der Bruderschaft erlebt hast.

EXPERIMENT: ASTRALREISE IM SCHLAF

Hypothese: Durch die Kraft der Intention kannst du auf Astralreisen im Schlaf aufmerksam werden.

1. Ritual: Schaffung eines geschützten Freiraums.

2. Experiment: Bei diesem Experiment ist das Ritual sehr wichtig. Du führst es unmittelbar vor dem Einschlafen aus und suggerierst dir dabei, dass deine Innenwelt, deine Schlaf-Umwelt, dir bewusst werden wird, sobald eine Astralreise beginnt. Es kann sein, dass du dieses Experiment über mehrere Tage wiederholen musst, bis sich etwas zeigt. Wichtig ist die Suggestion, dass du im Traumzustand bewusst werden wirst.

Du kannst dir zusätzlich suggerieren, dass du nach einem Ausflug in die Astralsphären aufwachen wirst, um deine Erlebnisse in deinem Traumtagebuch oder als Tonaufzeichnung festzuhalten. Bevor du wieder einschläfst, erneuerst du am besten diese Suggestion, dass du auch nach weiteren Astralreisen kurz aufwachen wirst, um deine Notizen zu machen. Dann hast du bald eine laufende Chronik deiner Abenteuer im Schlaf. Auch hier gilt wieder: Je mehr Erfahrung du damit machst, desto besser wirst du dieses Experiment beherrschen und diesen Bewusstseinszustand immer klarer wahrnehmen und dokumentieren können.

3. Ergebnisse: Wichtig ist, dass du alle Ergebnisse festhältst, und dabei kann in diesem Fall ein Tonaufzeichnungsgerät hilfreich sein.

8   Ihr seid Vorreiter

Dialog – 21 Januar 2004

Sag bitte etwas zu meiner Befürchtung, dass Leute, die für mich wichtig sind, über mich herziehen könnten, wenn sie in der Zeitung mein Bild sehen und dann auch noch erfahren, worüber ich da spreche.

Tja, Mark, du weißt selbst ganz gut, wo diese Befürchtungen herkommen. Mach es dir ganz klar. Das ist die größte Sorge seit deiner Kindheit: dass man dahinterkommen könnte, was du wirklich glaubst, und dass du dich dafür dann schämen musst.

Du bist jetzt dabei, den Weg deiner kindlichen Forschungen weiterzugehen und die noch unerklärten Phänomene eurer Erde in Angriff zu nehmen. Könnte es einen besseren Anlass geben, mit deinen Interessen, die du schon immer hast, endlich ins Reine zu kommen? Tu es, und du wirst erleben, wie befreiend es ist, sich als der zu erkennen zu geben, der du wirklich bist – deiner Familie, deinen Freunden und sogar der breiten Öffentlichkeit. Du hast dabei nichts weiter zu verlieren als deine Ängste und deine Beinfesseln.

Die Macht abgeben

Du bist nicht schuldig. Dir ist nichts vorzuwerfen. Du hast nichts Falsches getan, lieber Leser. Aber du hast dich selbst angreifbar gemacht, weil du dir angewöhnt hast, anderen die Macht zu überlassen. Und alle, die sich diese Macht nur zu gern aneignen – Eltern, Arbeitgeber, Priester, Politiker –, beherrschen dich anschließend, indem sie dir Schuldgefühle und andere unerfreuliche Regungen einimpfen. Du hast nichts Schlechtes getan. Die »Autoritäten« verstehen es nur, dich immer wieder in dieses Gefühl hineinzumanipulieren. Sie möchten, dass du dich schuldig und machtlos fühlst. Sie haben viel weniger Scherereien mit dir, wenn du Angst oder ein schlechtes Gewissen hast, wenn es dir an Selbstwertgefühl mangelt und so weiter. Jemandem beispielsweise Geld abzuknöpfen fällt einem doch viel leichter, wenn dieser Jemand ohnehin das Gefühl hat, dass ihm nichts zusteht …

Und wenn du die Macht an irgendwelche Leute und Institutionen abgegeben hast, ist es keine Wunder, dass du kein Selbstwertgefühl besitzt. Aber noch einmal: Du hast dich in keiner Weise schuldig gemacht. Dir ist kein Vorwurf zu machen. Was natürlich nicht heißt, dass du zur Regelung der Machtfrage nicht deinen Teil beigetragen hättest. Und ich habe das Gespräch mit euch auf der Erde in erster Linie deshalb wieder aufgenommen, weil ich euch helfen möchte, eure Macht wieder für euch selbst zu beanspruchen. Woher soll eine Revolution im menschlichen Bewusstsein kommen, wenn so viele Menschen ohne die Macht dastehen, mit der sie kamen, als sie sich auf eurer Erde inkarnierten?

Es ist ja zurzeit bei euch viel von »die Macht zurückfordern« und von »Selbstermächtigung« die Rede. Man kann das schon beinahe ein Klischee nennen. Aber die eigene Macht von denen zurückzuerobern, denen ihr sie überlassen habt, das ist ein heroischer Akt. Einfach deshalb, weil ihr so viele Risiken damit verbunden seht und die Menschen im Westen immer Repressalien befürchten, wenn sie am Status quo rütteln. Schnell sind Schuldgefühle da, wenn man nicht tut, »was einem gesagt wird«.

Einsam kann es auch werden. Wenn ihr euch vom Rudel löst und die Sicherheit der Gruppe aufgebt, kommt leicht das Gefühl auf, einen Fehler gemacht zu haben. Aber wenn ihr euch auf die Seelenreise macht, wenn ihr immer entschlossener das Positive sucht, worin Liebe wirkt, um für euch selbst eine völlig andere Welt zu schaffen, werdet ihr immer mehr Menschen begegnen, die einen ähnlichen Weg eingeschlagen haben. Menschen, die Gedanken der Liebe denken, fühlen sich zueinander hingezogen. Es werden sich Gruppen bilden, und dann dauert es nicht mehr lange, bis ihr eure sozialen Institutionen zu etwas für alle Heiligem und Lebensbejahendem gemacht habt.

Ihr seid Vorreiter

Der Gedanke, dass ihr mit dieser »Bewusstseinswissenschaft« zu weit geht und auf verbotenes Territorium geratet, wohin sich vor euch noch nicht viele gewagt haben, kann euch ängstlich machen – bis hin zu dem Wunsch, gar nicht erst aufgebrochen zu sein. Das ist verständlich, vor allem bei Menschen, die eine nachdrückliche religiöse Indoktrination erfahren haben. Ich rechne sogar damit, dass viele erst einmal mit Befürchtungen und Ängsten reagieren werden, wenn sie tatsächlich etwas von dem zu sehen bekommen, worüber wir hier sprechen. Ihr begebt euch hier ja wirklich auf »Sperrgebiet«. Eure Religionen erzählen euch, dass ihr nicht ohne Mittler, Priester, mit der anderen Seite kommunizieren könnt. Wer so etwas einmal akzeptiert hat, wird es mitunter nur schwer wieder los. Aber lasst nicht locker! Es erwartet euch eine Freiheit, wie ihr sie höchstwahrscheinlich in dieser Inkarnation noch nicht erlebt habt.

Warum haben es bisher nur so wenige unternommen, diese Seite des menschlichen Bewusstseins zu erforschen? Nun, erstens wurden sie von den religiösen »Würdenträgern« daran gehindert und zweitens werden die allermeisten Menschen dazu erzogen, nach dem Wie und Warum ihres Lebens nicht groß zu fragen. Hand aufs Herz, wie viele von euch, die ihr dieses Buch lest, werden mit Eltern, Freunden, Verwandten oder gar Geschäftsfreunden darüber sprechen? Es hängt natürlich sehr davon ab, wie offen eure Beziehungen bisher schon für solche Themen waren, aber ich wage die Vermutung, dass die allermeisten ihre Forschungen und Befunde für sich behalten werden – und nicht nur weil es sich um private spirituelle Dinge handelt, sondern weil es ja sein könnte, dass man euch mit wenig schmeichelhaften Ausdrücken wie »finster okkultistisch« bedenkt.

Mach dir klar, dass die Kontaktaufnahme zu deinem höheren Ich nicht viel bringen kann, wenn sie in einer Atmosphäre der Angst stattfindet, so als würdest du etwas »Ungezogenes« tun. Glücklicherweise ist beim Betreten dieses Neulands in aller Regel eine stetige Unterströmung von Mitgefühl und Liebe zu spüren, und die wird dir den Mut geben, dich anderen mitzuteilen. Nicht wahllos natürlich; du wirst schon herausfinden, wer wirklich aufgeschlossen ist und wer nicht.

Du bist ein Vorreiter, mein Freund. Es war kein Zufall, dass dieses Buch in deine Hände geriet und du es jetzt liest. Vielleicht ist es das Zeichen, mit dem du dir selbst bestätigst, dass du auf dem Weg bist. Es hat etwas von einer Verabredung, die du einhältst. Nur dass die Verabredung in diesem Fall in einem anderen Leben oder zwischen den Inkarnationen getroffen wurde. Wo und wann es zu dieser Verabredung kam, wirst du erfahren, wenn du dich jetzt, in diesem Augenblick, einfach danach fragst. Alles gewinnt Bedeutung, scheinbare Zufälle erweisen sich als tief sinnhaltiges Zusammentreffen. Wenn du erkannt und bestätigt hast, dass du jetzt auf dem Weg der Seelen-Evolution bist, offenbart sich jeder Augenblick als eine Chance zu spiritueller Entwicklung und Werterfüllung.

Dialog – 14. April 2004

Für mich sieht es so aus, als wollte mein Freund einfach nicht die Verantwortung für seine Schöpfungen übernehmen. Jeder ist schuld an seinen Problemen, nur er selbst nicht.

Da hilft nur Liebe, die vor nichts zurückschreckt, Mark. Zeig dich deinem Freund gewachsen, indem du ihm einfach Liebe, Vertrauen und Zuversicht spiegelst, wenn er deine Auslöser für Angst und Misstrauen zu betätigen versucht. Du kennst den Trick: die ankommenden negativen Bewusstseinseinheiten erkennen und mit liebevollen Gedanken und Gefühlen verwandeln, *bevor* sie überhaupt in dein Energiefeld eindringen und dort Wellen schlagen können. Das sind sehr starke Energien. Man kann sie als Parasiten sehen, die sich an deinen Energiekörper heften und von da aus auf andere übergehen – aber nur wenn der »Wirt« in Angst und Misstrauen lebt und nur wenn das nächste Opfer ebenfalls in Angst, Misstrauen, Zynismus und dergleichen lebt. Alles Negative ist für diese Energien wie ein reich gedeckter Tisch. Wo Liebe, Bejahung und Mitgefühl herrschen, können sie sich gar nicht erst einnisten.

Mir kommt gerade der Gedanke, dass du offenbar von persönlicher Verantwortung sprichst. Wir müssen jeder selbst für unsere Gedanken und Taten einstehen. Und das leuchtet ja auch ein; woher sollte Integrität kommen, wenn nicht aus Eigenverantwortung?

Ja, Integrität – Integration –, das ist ein Thema, über das noch so manches zu sagen ist. Du zum Beispiel bist ja in diesem Stadium dabei, deine Seelenqualitäten der Güte und Bejahung mit Ego-Aspekten wie Abwehr, Ärger und dergleichen zu »integrieren«, und ich kann dir nur raten [schmunzelnd]: integriere, integriere, integriere.

Liebe drängt Ego-Reaktionen, hinter denen Revier- und Konkurrenzdenken stehen, zurück. Es ist wirklich wichtig, dass hier auf allen Ebenen ein Zusammenkommen – Integration eben – stattfindet. Gemeinsamkeit, Entgegenkommen, Kooperation um höherer Ideale willen, dass sind die Dinge, auf die es jetzt ankommt.

Für viele deiner Zeitgenossen sind diese Fragen der Seele genauso relevant. Eure Erde macht einen Veränderungsprozess durch, der bis hinunter in die Atome zu spüren sein wird. Alles ist ins Rutschen geraten. Jeder Einzelne wird auf seine ungelösten Probleme gestoßen, und es ist *jetzt* an der Zeit, die Dinge zu verändern, zu heilen. Die Seele »ersucht«

euch dringend darum, und ihr könnt euch ihren Bitten natürlich verweigern, aber nur zu eurem eigenen Nachteil. Lernt lieber, was ihr zu lernen habt, nur so erwerbt ihr das Wissen und Können, das ihr braucht, um den Übergang in die Dimension des geeinten Bewusstseins zu bewältigen und dort bleiben zu können. Je tiefer ihr das höhere Wissen in euch aufnehmt, desto eher werdet ihr es behalten und bei euren spirituellen Bestrebungen anwenden können.

[Später erhielt ich dazu noch eine »Randnotiz« von Seth: Die dunklen Kräfte werden von negativen Gedanken und Regungen erzeugt, aber die Frage, was zuerst kam – die negativen Wesenheiten oder die negativen Gedanken und Gefühle –, ist wenig sinnvoll, da alles zugleich existiert. Die Hoffnung liegt eher darin, dass die Menschen sich für Mut und Liebe anstatt für Angst und Ärger entscheiden.]

Ein einziger Gedanke der Liebe

Manche meiner Leser, denen die drückende geistige Atmosphäre ringsum bewusst ist, werden sich vielleicht fragen, wie ein Einzelner denn wohl etwas zur Verbesserung des Gesamtbildes ausrichten könne: »Weshalb soll ich mir die Mühe machen, meine eigenen Überzeugungen zu ändern und meine persönliche Wirklichkeit zu verbessern, wenn das im Hinblick auf das Ganze doch nur ein Tropfen auf den heißen Stein ist?« Darauf antworte ich: Wenn du dich bemühst, deine Anschauungen und Verhaltensweisen und damit dein persönliches Wirklichkeitsfeld zu ändern, gibst du ein Beispiel für Freundlichkeit und Selbstvertrauen, und deren Nutzen wird sich den Menschen in deinem unmittelbaren Lebensumfeld schon mitteilen – direkt und auf telepathischem Wege. Beim Verbessern deiner persönlichen Welt durch Überwindung negativer Regungen »sendest« du auf der subtilen Ebene deine Erfolge, und empfangen werden deine Sendungen vom kollektiven Netzwerk aller Seelen auf eurem Planeten und in diesem Zeitrahmen. Ich habe hier schon einmal erwähnt, dass ihr als Menschheit buchstäblich Eins seid. Ihr erschafft zusammen mit Allem-Was-Ist euer individuelles Leben, und zugleich lebt ihr in diesem Zeitrahmen als die Eine Menschheit zusammen. Über das telepathische »Sendernetz« kommuniziert ihr im Schlaf, um euch darauf zu verständigen, was ihr beim Erwachen als die Wirklichkeit eurer Welt manifestieren werdet.

Du kannst demnach durchaus etwas ausrichten. Gedanken besitzen Kraft. Gute Absichten und Gedanken der Freundlichkeit und Liebe sind von außerordentlicher transformierender Kraft. Gute Gedanken verbinden sich in diesem kollektiven geistigen Austausch ganz von selbst mit Gedanken oder Bildern, die in diesem Netzwerk gerade ausgestrahlt werden, sie verschmelzen zu Keimen von Realitätsgebilden. Und wenn sich hier ein gewisses Potenzial angesammelt hat, sodass zur Manifestation nur noch ein Impuls fehlt, könnte *dein einzelner Gedanke der Liebe* den Ausschlag für eine gute und wünschenswerte Manifestation geben.

Der geistige Austausch auf der subtilen Ebene setzt sich im Wachzustand fort, wenn du den Dingen deines Alltags nachgehst. Du »träumst« auch dann noch und bist mit dem Ganzen in Kontakt, aber das geschieht mehr im Hintergrund. Gedanken der Freundlichkeit und Zuversicht sind auch im Wachzustand wichtig, in der Zeit also, in der du am meisten bewusste Kontrolle über dein Denken hast. Was du hier an positiven Veränderungen deines Denkens und Verhaltens erreichen kannst, färbt auf deine Traumwelt im Schlaf ab und wirkt sich über den beschriebenen telepathischen Gedankenkonsens günstig auf das Ganze aus.

Vielleicht glaubst du aber trotzdem noch, das »Böse« sei stärker als das »Gute«, vor allem in dieser Zeit. Und wenn man sich all die kriegerischen Auseinandersetzungen, den Hunger in der Welt und die vielen anderen unerquicklichen Dinge ansieht, könnte man ja meinen, es sei wirklich so. Aber das ist trotz aller »Beweise« einfach nur eine Denkgewohnheit. Du hast dir so oft gesagt: »Das Böse triumphiert über das Gute – in der Politik, in der Wirtschaft, im persönlichen Bereich«, dass du gar nicht mehr in der Lage bist, etwas anderes auch nur wahrzunehmen. Leg die Scheuklappen ab, vielleicht siehst du dann, dass eher das Gegenteil zutrifft: Das Gute siegt über das Böse, in der Politik, in der Wirtschaft, im persönlichen Bereich. Wirklich, mein Freund, es ist so. Lass das einen Augenblick auf dich wirken, und dann sieh, ob du nicht zustimmen kannst.

Terror und die Folgen

In der folgenden Verlautbarung der Seth-Wesenheit geht es um das Thema »Terrorismus«. In eurer Welt bestimmt dieses Thema euer Denken zurzeit ganz erheblich. Ihr seid ganz erpicht auf den täglichen Kübel Horrormeldungen aus den Medien.

Und irgendwie »gefällt« es euch so, wie ich schon im ersten Buch dieser neuen Reihe festgestellt habe. Ihr habt euch von manchen eurer Anführer und von den Negativmedien hypnotisieren lassen und glaubt jetzt, die Ereignisse auf dem Terrorsektor sollten euch den lieben langen Tag beschäftigen. Die Protagonisten der großen Machtspiele in eurer Welt wollen es wirklich so, eure Reaktionen kommen ihnen sehr gelegen. Es geht ihnen um Kontrolle, um Herrschaft, und es gelingt ihnen mit ihren Unkenrufen immer wieder, euch mit der so erzeugten Angst unter Kontrolle zu halten. Angst, wie ebenfalls bereits bemerkt, setzt Stoffe im Körper frei, die Stress und Anspannung erzeugen und außerdem eine Sucht nach beängstigenden Aussagen aller Art erzeugen. Man kann sich dann kaum noch von diesen Dingen losreißen. Man kann den Blick nicht mehr von den Schlagzeilen abwenden. Und das ist den Negativmedien natürlich recht, denn das Verbreiten der Negativaussagen eurer Entscheidungsträger erweist sich als hoch profitabel.

Aber erinnert euch bitte an den entscheidenden Punkt, von dem aus ihr alles wenden könnt: *Ihr selbst erschafft eure Wirklichkeit*. Ich weiß, ich wiederhole mich, aber machen wir uns noch einmal klar, was dieser Satz besagt. Als Einzelne und als Menschheit erschafft ihr euer persönliches Wirklichkeitsfeld und die übergreifende Konsens-Wirklichkeit, die ihr dann als einen linearen Ablauf wahrnehmt. Sehen wir uns anhand eines Beispiels an, wie die ausschließlich an Macht interessierten Führungsgestalten und ihre Medien euch bei der Ausgestaltung eures individuellen und kollektiven Weltbilds »unterstützen«. Das ist eine ganz simple Angelegenheit, wirklich …

Nach typisch westlicher Manier lässt du dich morgens von deinem Radiowecker aus dem Schlaf reißen oder schaltest gleich nach dem Aufstehen das Radio ein oder wirfst bei der erstmöglichen Gelegenheit einen Blick in die Tageszeitung – und erfährst gleich von den neuesten Gräueltaten derer, die dein Land jeweils gerade zum Hauptfeind erklärt hat. Ahnst du, wie sich das auf einen ganzen weiteren Tag auswirkt? In diesem so empfänglichen Zwischenzustand zwischen Schlafen und Wachen absorbierst du Negativmeldungen, die dich zwangsläufig den Tag über begleiten werden. Deine Wahrnehmung ist jetzt so getrimmt, dass ihr in deiner physischen Umwelt Dinge auffallen werden, die sie als »Bestätigung« auffasst; alle diese »Beweise« werden säuberlich vermerkt und in das bereits bestehende Gemenge von negativen Daten, Anschauungen, Bildern und so weiter hineingerührt.

So haben die Mächtigen zusammen mit den Medien das Wettrennen um eure Aufmerksamkeit gewonnen, und das gilt für den Einzelnen wie für die Masse. Und da zwischen euch Menschen ständig telepathische Kommunikation stattfindet, verstärkt ihr die von außen kommenden Negativbotschaften auch noch auf der subtilen Ebene. Auf diesen subtilen Kommunikationswegen werden Gedanken schlichtweg als Tatsachen genommen, auch wenn bei der Gewinnung solcher »Fakten« *überhaupt nichts an kritischem Denken* involviert war. Seht ihr, welche unheilige Allianz eure Wortführer, eure Medien und eure eigene Gedankenlosigkeit da eingegangen sind, um euch zu terrorisieren? Ihr terrorisiert euch im Endeffekt selbst. Es trifft zu, dass eure politische Führung den Hauptanteil an diesem Dilemma ausmacht. Aber jeder Einzelne von euch ist mitverantwortlich. Ihr habt euch nicht zu selbstständigem Denken und Handeln durchgerungen. Ihr habt eure Macht den Institutionen, den Mächtigen, den Arbeitgebern überlassen. Kein Wunder, dass ihr verängstigt seid und euch ohnmächtig fühlt.

Wenn ihr eure Macht von den Institutionen und Negativmedien zurückfordern wollt, besteht der nahe liegende erste Schritt darin, ihr Spiel nicht mehr mitzuspielen. Ich habe schon mehr als einmal gesagt und wiederhole es: Es steht euch immer frei, das Radio abzustellen, den Fernseher abzustellen und euch Gewaltdarstellungen einfach überhaupt nicht anzusehen. Geht den Negativmedien aus dem Weg. Setzt Zeichen, indem ihr manipulative, Gewalt zelebrierende Medienprodukte und all die lebensfeindlichen Dinge, die euch diese Kultur des Massenkonsums aufzuschwatzen versucht, gar nicht erst kauft. Ihr werdet bald eine neue Freiheit empfinden und zunehmend genießen – und den Institutionen und den Leuten an den Schaltstellen wird das gar nicht gefallen. Vielleicht nimmt der Druck dann noch zu, weil die Mächtigen spüren, dass ihr nicht mehr so fügsam seid, sondern euch eure eigene Meinung bildet. Aber lasst euch nicht abschrecken, und es werden immer mehr Gleichgesinnte zu euch stoßen. Die Kräfte des Lichts stehen hinter euch. Die Wahrscheinlichkeit eines massenhaften Bewusstseinswandels zum Besseren wächst. Euer Einsatz wird dem Wohl der ganzen Menschheit auf eurer Mutter Erde zugutekommen.

Die Zeit drängt

In diesem Abschnitt geht es um ein paar kritische Fragen im Zusammenhang mit den Aktionen der politischen und wirtschaftlichen Entscheidungsträger in den Vereinigten Staaten und einigen anderen Industrieländern. Dieses Verhalten – insbesondere im Nahen Osten, wo es um Kontrolle über die Ölvorräte geht – verlässt nämlich den Bereich dessen, was in eurer Welt als vertretbar angesehen wird. In meiner Dimension wird all das von mir und anderen verfolgt, und wir sehen mit Besorgnis, wie entschlossen diese Verblendeten nach wie vor sind, eure geliebte Erde einfach zu plündern.

Ich bin sicher, dass sich viele meiner Leser fragen, was sie persönlich hier unternehmen können, und einige der Übungen im ersten Band dieser Reihe sind ja auf diese Frage zugeschnitten. Aber es ist jetzt wieder einige Zeit vergangen, und die Zustände sind inzwischen noch bedeutend schlimmer geworden. Als einer der Beschützer eures Planeten habe ich das Gefühl, dass ich mir wirksamere Methoden gegen diese negativen Einflüsse einfallen lassen muss.

Da wird manch einer bitter auflachen und sagen: »Was willst denn du, ein nichtkörperliches Wesen, auf dieser Erde ausrichten?« Nun, Lichtwesen wie ich haben mit vereinten Kräften im Laufe eurer sogenannten Geschichte schon so manche drastische Veränderung eurer irdischen Realität bewirkt. Und bei diesen Veränderungen haben wir Hand in Hand mit den Menschen gewirkt, die ihre geistigen und körperlichen Kräfte zur Verfügung stellten.

Jeder von euch besitzt, wie schon gesagt, eine Energiepersönlichkeit, einen Geist-Führer, wie ihr gern sagt, der seit eurer Geburt in diesem Leben über euch wacht. Es ist so, ob ihr es glaubt oder nicht. Und überlegt euch einmal, was zum Segen der Menschheit erreichbar wäre, wenn Tausende, Hunderttausende, ja Millionen von Menschen auf ein gemeinsames Ziel hinarbeiten würden – Frieden in der Welt, Frieden im Nahen Osten und den anderen Konfliktzonen eurer Welt.

Wie würden wir das anstellen, ihr und ich und eure stets hilfsbereiten Führer? Nun, wie alles andere, wie jede Art von Schöpfung: mit euren Gedanken. Zuerst nehmt ihr zur Kenntnis, dass ihr eine Energiepersönlichkeit habt. Ihr bekräftigt das, ihr nehmt euch vor, mit eurer Energiepersönlichkeit zu kommunizieren und dann zu verfolgen, wie sich diese Beziehung im Äußeren niederschlägt.

Davon war ja schon ausgiebig die Rede, aber ich möchte jetzt ein Experiment großen Stils vorschlagen. Dazu möchte ich zunächst eine meiner Grundaussagen wiederholen: Du, lieber Leser, bist von nichts in diesem gesamten Universum getrennt. Du bist das Zentrum des Universums und durch deine Gedanken mit allem und allen verbunden. Wenn du das glauben kannst oder dich zumindest um diesen Glauben bemühst, dürfte klar sein, dass Friede auf Erden durchaus im Bereich deiner Möglichkeiten liegt.

Was, wenn ein Soldat sich weigerte zu kämpfen? Was, wenn er eines Nachts einen Traum hätte, der ihn veranlasste, sich zu verweigern? Was, wenn die Leute an den Schaltstellen der Negativmedien einen plötzlichen Sinneswandel hätten und den Wunsch verspürten, nur noch die Wahrheit statt Lügen und Propaganda zu verbreiten? Was, wenn Hunderttausende eines Morgens unverhofft in dem Gedanken aufwachen, dass sie nicht länger hinter dem Machtmissbrauch ihrer politischen Führung stehen wollen? Ich denke, du verstehst, worauf ich hinauswill.

Wenn du meditierst, richte deine Energien, deine positiven Vorstellungen und Gefühle, nicht mehr auf diesen oder jenen Einzelnen aus, sondern auf die gesamte Menschheit, auf alle Geist-Führer und ihre menschlichen Entsprechungen. Deine Gedanken besitzen Kraft. Deine Gedanken sind sogar die stärkste Kraft in deiner physischen Wirklichkeit, sie *erschaffen* diese Wirklichkeit. Wenn du Frieden auf deiner Erde möchtest, nutze die Kraft deiner Gedanken dazu und erschaffe ihn. Vernetze dich auf der subtilen Ebene mit anderen friedliebenden Menschen und verwirkliche die friedliche Welt mit deiner Vorstellungskraft.

Dialog – 8. Juni 2004

Seth, gibt es etwas zu diktieren? Ich habe eine halbe Stunde Zeit.

Guten Morgen, Mark. Fühlst du dich weniger unter Stress, seit du dein Inserat in die Zeitung gesetzt hast?

Ja.

Du hast dich jetzt festgelegt, du machst Ernst mit der Manifestation. Deine Schöpfung, Mark, jetzt beginnt sie. Die Angst verschwindet.

Ja, vielleicht ein wenig Diktat in diesem Zusammenhang … Angst im Augenblick greift »Vergangenes« auf, das als beängstigend erlebt wurde – Fehler, Gewissensbisse –, und fertigt nach diesen emotionalen Schablonen nicht nur unerfreuliche Zukunftserwartungen, sondern verstärkt auch die als negativ empfundene Vergangenheit. Zuversicht und Liebe im gegenwärtigen Augenblick greifen »frühere« Erfahrungen von Zuversicht und Erfolg und Freude auf und manifestieren von diesen positiven Vorlagen aus eine erfreuliche Zukunft.

Danke, Seth. Gut zu wissen.

EXPERIMENT: ANDERE LEBEN ALS VORREITER (VIELLEICHT ALS MAGIER, SCHAMANE, HEXE, HEILER)

Hypothese: Jetzige Interessen könnten an andere Leben in der Vorreiterrolle anschließen.

Wenn du jemand bist, der mit Begeisterung meine alten und neuen Bücher liest, greifst du höchstwahrscheinlich in deinem gegenwärtigen Leben Interessen und Vorlieben aus simultanen Leben auf. Die Angehörigen der Seth-Wesenheit sind alles in allem keine häuslichen Typen, die die Welt einfach da draußen ablaufen lassen, ohne groß Notiz von ihr zu nehmen. Nein, meine Weggefährten sind daran zu erkennen, dass sie fragen, was es mit den zentralen Wertvorstellungen und Glaubenssätzen ihrer jeweiligen Kultur auf sich hat. Und sie bewegen ihre Fragen nicht bloß in ihren Köpfen; sie treten in ihrer Welt als Akteure, als Anwälte auf. Hinter ihren Aktionen steht der spirituelle Impuls, die Verhältnisse zum Wohl aller zu verbessern. Ihr seid also ein Verbund mit ausgesprochen humanitärem Anliegen, und euer Einfluss auf eure Kultur ist unübersehbar.

Du bist beschützt. Bei der Ausübung deiner Macht zur Schaffung einer Realität der Liebe stehst du unter dem Schutz der Lichtwesen. Du hast die geballte Kraft des Guten hinter dir, und wenn du gemäß den Eingebungen aus höheren Quellen zur Tat schreitest, wird dir auffallen, dass der Weg zu deinem Ziel auf wunderbare Weise von Hindernissen frei geräumt ist.

Du hast dich vielleicht schon viele Male in verschiedenen Epochen inkarniert, aber es ging dabei immer um dasselbe: Du hattest den Wunsch, für die Menschheit einzutreten. Es wird dir aufgefallen sein, dass du jede Bedrohung anderer als Bedrohung deiner selbst erlebst. Du nimmst die Bedrohung deiner Mitmenschen und die Bedrohung eurer Erde sehr persönlich. Lass uns vor diesem Hintergrund nach möglichen anderen Leben forschen, die du wie dein gegenwärtiges als Anwalt der Menschheit und eurer Mutter Erde geführt hast.

In solchen Inkarnationen als ein Mensch, der um seine Macht weiß und sie auch ausübt, bist du möglicherweise ganz unverdächtigen Beschäftigungen nachgegangen. Es könnte auch in deinem gegenwärtigen Leben so sein, lieber Leser. Viele benutzen ganz unspektakulär wirkende Betätigungsfelder – Hausfrau, Lehrer, Bauhandwerker –, um ihre wahre Identität, nämlich Magier, Schamanin, Hexe oder Heiler, damit zu tarnen. Die wahre Berufung bleibt im Hintergrund. Und das hat Tradition: lieber unsichtbar im Hintergrund wirken und sich gar nicht erst den Blicken anderer aussetzen. Natürlich entscheidest du immer selbst darüber, ob du deine wahren Absichten preisgibst oder nicht, ob du anderen Einblick in deine eigentliche Arbeit gewährst oder nicht. Du wirst auf jeden Fall beschützt sein. Du bringst Licht und Heilung und wirst vor Schaden bewahrt sein.

1. Ritual: Schaffung eines geschützten Freiraums.

2. Experiment: Bei unseren früheren Experimenten zum Einblick in simultane Leben in anderen Zeitrahmen wirst du vielleicht schon Eindrücke von Existenzen der hier angesprochenen Art empfangen haben. Es gibt bestimmte Züge, die allen deinen Reinkarnationserfahrungen gemeinsam sind; so könnte es sein, dass du dich immer wieder verkörpert hast, um zu helfen und zu heilen. Nimm deine Energiepersönlichkeit als Führer und versuch dir weitere Leben zu vergegenwärtigen, in denen du zur Speerspitze der menschlichen Bewusstseinsentwicklung gehört hast.

3. Ergebnisse: Achte wie immer darauf, dass du alles möglichst detailliert festhältst.

EXPERIMENT: UNERFREULICHE REALITÄTEN GEZIELT VERBESSERN

Durch bewusste Steuerung deiner emotionalen Verfassung kannst du negative Umstände durch deine eigene positive Realität ändern.

1. Ritual: Schaffung eines geschützten Freiraums.

2. Experiment: Denk an eine Zeit in deinem jetzigen Leben zurück, in der du in vollen Zügen gelebt hast und nur staunen konntest, wie mühelos dir alles gelang. Unser Experiment dient dazu, diese Gefühle von Selbstvertrauen und Einverständnis mit dir selbst wieder hervorzurufen und sie anschließend zu verstärken. Stell dir einen Drehknopf oder sonstigen Regler vor, mit dem du diese guten Empfindungen noch verstärken kannst. Jetzt betätige diesen Regler und lass dieses gute Gefühl der Zufriedenheit mit dir und deinen Leistungen stärker werden.

Jeder wird hier aufgrund seiner Lebenserfahrungen und Persönlichkeitszüge ganz eigene Gefühlszustände erleben, aber ihr werdet wahrscheinlich alle eine Zunahme erfreulicher Empfindungen spüren. Probiere andere Stellungen deines Reglers aus, um vielleicht die guten Gefühle noch zu verstärken.

Ich lege dir nahe, dich jeden Tag ein paar Minuten mit diesem Experiment zu beschäftigen, und zwar in der Absicht, mit der Zeit immer mehr Kontrolle über deine Gefühlszustände zu bekommen. Wenn du genügend Erfahrung gesammelt hast, kannst du das Experiment erweitern: Durch deine Versuche mit dem Regler bist du jetzt in der Lage, deine innere Wirklichkeit so stark und positiv zu machen, dass du sie gleichsam über unerfreuliche Ereignisse oder Zustände in deinem Lebensumfeld »breiten« kannst. Den Erfolg wirst du an sehr deutlichen positiven Veränderungen in deinem persönlichen Wirklichkeitsfeld erkennen.

Mit diesen äußerst wichtigen Experimenten gewinnst du Kontrolle über deine Emotionen. Das wird dir in der vierten Dimension die nötige geistige Stabilität geben, sodass du nicht in die alte emotionale Reaktionsbereitschaft der Dreidimensionalität zurückgezogen wirst.

3. Ergebnisse: Dokumentiere alles sehr sorgfältig.

9 Der Wechsel zur Vierdimensionalität

Dialog – 26. April 2004

So, Seth, heute Abend ist also dein großes »Familientreffen«. Gibt es vorher noch etwas zu sagen?

O ja, Mark. Gratuliere, die Manifestation von Wohlstand und Glück kommt jetzt für dich in das Stadium der Wahrnehmbarkeit. Deine »World Tour« beginnt. Du wirst deine Zuhörer anleiten, Kontakt zur Energiepersönlichkeit zu knüpfen und mit der Erkundung der Vierdimensionalität zu beginnen. Darum soll es in erster Linie gehen, wenn du sprichst.

Gegenüber den Medien vertrittst du am besten einfach den Standpunkt, dass es sich um eine spirituelle Praxis wie jede andere handelt – das ergibt einen guten Ausgangspunkt für jedes Gespräch. Manche werden dich in Diskussionen über das alte Seth-Material und die Stimmigkeit meiner neuen Aussagen verwickeln wollen. Das lenkt nur ab. Du tust dich am leichtesten, wenn du einfach dabeibleibst, dass es sich hier um neue Aussagen anderer Anteile der Seth-Wesenheit handelt. Seth hat seine aktuelle Botschaft ganz auf die Erfordernisse der Kommunikation mit seinem dritten Sprecher, Mark Frost, zugeschnitten. Du kannst das genauso wiedergeben. Stell dir alle Gespräche, die sich so ergeben mögen, als Medienkontakte vor: Die Inhalte werden durch Mundpropaganda verbreitet, denn jeder Leser oder Zuhörer spricht natürlich darüber mit Freunden und Angehörigen.

Die XY-Website ist in der Tat ein gutes Vorbild, an dem du dich orientieren kannst, und [Name] gehört in meiner Dimension zu den hoch angesehenen Wesenheiten – wissend und mild. Du kannst unsere Arbeit durchaus so präsentieren, wie es [Name] und das YZ-Team machen.

Heute Abend brauchst du mich einfach nur anzufordern, wenn dir danach ist. Ich werde dann klar und deutlich da sein, und du kannst dich, wenn du möchtest, entspannt zurücklehnen und mir den Rest der Show überlassen.

Und wie ich das möchte. Aber du wirst nichts über uns ausplaudern, was irgendwie peinlich sein könnte, ja?

Aber nein, Mark. Du wirst mich als so was von diskret und charmant erleben …

Danke, Seth.

Prophezeiungen

Der Gedanke des Dimensionenwechsels ist der Menschheit nicht neu. Viele Religionen der Welt sagen so etwas voraus. Es werden zwar unterschiedliche Begriffe verwendet und unterschiedliche Erklärungen gegeben, aber vermutlich beschreiben alle das Gleiche, nur mit verschiedenen Schwerpunkten. Man kann sagen, dass der Durchbruch in höhere Dimensionen zum Grundbestand der spirituellen Systeme eurer Welt gehört. Du, lieber Leser, wirst diese Aussage sicher bestätigen können. Ersetze einfach »vierte Dimension« durch »Himmel« oder etwas Vergleichbares aus irgendeiner Kultur der Welt, was die ätherische Ebene bezeichnet. Solche

Zeiten der Öffnung zu den höheren Dimensionen hin bieten sich der Menschheit sehr selten. So bildet der jetzt bevorstehende Übergang den Abschluss eines Zyklus von vielen Jahrtausenden Länge. Er wird in den Überlieferungen mancher Völker, etwa der Maya und Hopi, vorausgesagt. Und diese Voraussagen sind, wie ich hinzufügen möchte, in ihrer Symbolik treffender als manche der christlichen Berichte. Aber wie gesagt, vielleicht beschreiben wir im Grunde doch alle das Gleiche, nur mit kulturabhängigen Besonderheiten, was die Zeitangaben, die beteiligten Gottheiten und dergleichen angeht.

Überall auf der Welt werden die Menschen jetzt, während wir dieses Buch schreiben, auf die bevorstehenden Ereignisse eingestimmt. Andere Lichtkörper, die sich mit anderen Kulturen gut auskennen und ihnen folglich zugeordnet sind, machen die Menschen dort auf die überall erkennbaren Anzeichen des bevorstehenden Übergangs aufmerksam. Falls du bis hierher überhaupt auf meine Worte geachtet hast [schmunzelnd], wirst du wissen, wovon ich spreche. Flutkatastrophen, Hurrikane, Tornados, abschmelzende Gletscher – das sind die Anzeichen. Das wilde Chaos menschlicher Gedanken bringt diese Veränderungen hervor. Und es könnten euch, wenn der Übergang kommt, sehr positive oder sehr negative Erfahrungen erwarten – noch steht das nicht fest. Es kann immer noch sein, dass ihr die Dinge so schlimm werden lasst, dass Umkehr schließlich nicht mehr möglich ist und ihr euch mit euren eigenen negativen Gedanken in den Untergang treibt. Aber die Menschen lieben es, sich am Rande der Katastrophe gerade noch irgendwie aus der Affäre zu ziehen; eure spirituellen Schriften wissen davon einiges zu erzählen. Nun, wie es auch laufen mag, ihr könnt euch jedenfalls sagen, dass wir alles genau im Auge haben und uns notfalls einschalten werden, soweit wir eben können. Aber ich erinnere auch an das Gesetz der Nichteinmischung, das unseren Interventionsmöglichkeiten Grenzen setzt. Bei allem, was ich euch durch meine menschlichen Sprecher mitteile, handelt es sich um erlaubte Interventionen einer auf subtile Weise fördernden Art. Dramatische Rettungsaktionen sind dagegen nicht erlaubt. Ihr müsst schon selbst lernen, was ihr zu lernen habt, als Einzelne und als Menschheit.

Wenn du den Umgang mit deiner Energiepersönlichkeit und anderen Führern erlernt hast, wirst du unmittelbar selbst Zugang zu all dem haben, was ich hier erkläre. Höheres Wissen wird dann in dein Bewusstsein einströmen, und irgendwann wirst du nicht mehr ständig Verifizierungen und Detailerläuterungen benötigen. Du wirst keine Beweise mehr brauchen, weil du dir selbst *lebendiger* Beweis bist. Dann brauchst du auch keine Prophezeiung mehr, weil du sie selber *lebst*. Der dramatische Wandel bahnt sich für dich, meinen Leser, bereits an, und in geringerem Maße geht es allen Menschen auf eurer Erde so.

Die spirituelle Revolution des menschlichen Bewusstseins und des Erdbewusstseins hat begonnen. Das Seelen-Ich tritt hervor und zeigt sich. In allen Lebensbreichen werden die Führungsrollen nach und nach den echten Visionären zufallen. Du wirst vielleicht wissen wollen: »Werden sie gewählt?« Drauf antworte ich: »Eher nicht.« In den meisten Fällen wird ihnen die Führungsposition wirklich einfach »zufallen«. Bei euch im Westen, auch das wurde bereits erwähnt, werden die bisherigen politischen Prozeduren bald obsolet werden, denn die Menschen eurer Erde werden sich darauf besinnen, dass sie sich sehr gut selbst regieren können, sie werden ihre Macht zurückfordern.

Mutter Natur

Diese Veränderungen im menschlichen Bewusstsein und folglich in eurer dreidimensionalen Realität sind von den Medien aufgegriffen worden. Untypische Wetterverhältnisse und andere Veränderungen sind überall auf der Welt zu bemerken, und die Medien berichten davon. Gern bedient man sich dabei einer altbekannten Personifizierung: Mutter Natur zeigt, über was für Kräfte sie verfügt. Sie kann unsere Pläne durchkreuzen, wenn wir ins Sportstadion oder an den Strand gehen wollen oder irgendetwas an Freizeitaktivitäten im Freien vorhaben. In solchen Geschichten, die eher noch zum Schmunzeln anregen, tritt Mutter Natur einfach als ein unberechenbares, launisches Wesen auf. Aber sie kann auch anders, und dann ist sie wirklich zum Fürchten. Hier kann die Unvorhersehbarkeit ihrer »Zornesausbrüche« nämlich dazu führen, dass man vom Blitz erschlagen wird, dass man in seinem Auto von Wasser- und Schlammfluten mitgerissen wird, dass ganze Städte oder Landstriche von Erdbeben verwüstet werden. Wenn ihr meine Bücher gelesen habt, werdet ihr die Wahrheit über das Wetter und alle Phänomene dieser Art kennen: Alles physische Geschehen in eurer Dimension geht auf Gedanken und Glaubenssätze im Bewusstsein der Menschheit zurück.

Ihr sagt zwar manchmal: »Das Wetter spielt verrückt«, aber ihr fügt auch gleich hinzu: »Da kann man nichts machen.« Doch das stimmt nicht. Jeder Mensch auf der Erde »macht« etwas, was jederzeit zum Wettergeschehen in der betreffenden Gegend beiträgt – nur geschieht all das in der Regel unwissentlich. Für jede beliebige Gegend und die dort lebenden Menschen gilt grundsätzlich: Die von der Gefühlslage jedes Einzelnen erzeugten Bewusstseinseinheiten verbinden sich zu Strömen, die zu einer Manifestation drängen. Wenn genügend solcher Ströme zusammenfließen, entsteht eine Kraft, die in dieser Region entsprechende Wetterlagen erzeugt. Zu diesem Massenbewusstsein, das möchte ich hier noch anmerken, tragen nicht nur Menschen bei, sondern alles, was diese Region ausmacht: zum Beispiel der Boden, das Gestein, die Bäume und sogar alles, was hier für den Konsum produziert wird. *Alles besitzt Bewusstsein* und hat seinen Anteil an allen klimatischen und sonstigen Veränderungen. Sicher beeinflusst ein Käfer das Wetter weniger als ein wütender Mensch, aber er trägt ebenfalls eindeutig zur kollektiven Manifestation bei.

Versteht ihr jetzt, wie viele von euch einfach ihre Ängste auf diese großmächtige Mutter Erde projizieren und sich einfach nicht als Mitgestalter ihrer physischen Realität sehen wollen? Das war nicht immer so. In früheren Kulturen war es völlig selbstverständlich, dass man das Wetter mitgestaltete, wenn die Feldfrüchte oder auch einfach ein angesagtes Fest es erforderlich machten. Sogar in den heute noch existierenden Stammeskulturen eurer Welt gibt es das noch. Und natürlich gibt es das wissenschaftlich technische Wettrennen um die Möglichkeiten der Wetterbeeinflussung zur Profitmaximierung. Wir werden darauf in einem späteren Buch zurückkommen. Jetzt wollen wir als Wissenschaftler des Bewusstseins Kontakte zu Freunden oder Angehörigen in ihrer Heimatdimension zu knüpfen versuchen.

EXPERIMENT: VERSTORBENE IN IHRER HEIMATDIMENSION AUFSUCHEN

Hypothese: Sie warten darauf, dass ihr den Kontakt sucht.

Solange du noch aufgewühlt bist, also den Tod des Betreffenden noch nicht verwunden hast, solltest du von diesem Experiment absehen. Erst wenn du eine gewisse emotionale Distanz gewonnen hast, solltest du den ersten Kontaktversuch starten.

1. Ritual: Schaffung eines geschützten Freiraums.

2. Experiment: Such dir eine bequeme Sitzgelegenheit. Wichtig ist, dass du entspannt genug bist, um Impulse von der anderen Seite empfangen zu können, aber nicht so entspannt, dass du einschläfst. Dein Experimentierfeld ist diesmal der Bereich zwischen den Welten; es sind demnach Vorbereitungen zu treffen, die geeignet sind, dich in diesen Bereich einzuführen.

Das Knifflige an diesem Experiment ist nun, dass du aus dem Chor telepathischer Botschaften, die du in deiner Entspannung empfängst, die relevanten herausfischen musst. Verstorbene Freunde und Angehörige, Lichtwesen und andere Wesenheiten der Vergangenheit, Gegenwart und Zukunft versuchen in diesem geistigen Umfeld ständig deine Aufmerksamkeit zu gewinnen. Du möchtest deinen inneren Sinnen jedoch eine genaue Ausrichtung geben, und dazu dient dir vielleicht das Visualisieren des Menschen, um den es dir gerade geht. Sieh dieses Familienmitglied oder die Freundin so vor deinem inneren Auge, als würdet ihr gerade miteinander sprechen wie zu Lebzeiten. Gib dem Bild Farbe, lass es durch Gedankenkraft ganz lebendig werden. So stimmst du dich auf die »Wellenlänge« dieser Person ein und kannst sie gleichsam »anpeilen«. Von jetzt an ist wichtig, dass du dieses Experiment als liebender Bewusstseinswissenschaftler fortsetzt.

Außer Freundlichkeit und Liebe ist hier für nichts anderes Platz, schon gar nicht für die Anschauungen des Ego.

Während du also das Bild dieser Person vor dir entstehen lässt, stellst du dir gleichzeitig vor, dass ihre Stimme stärker und stärker wird, bis sie sich deutlich gegen den Chor der Übrigen abhebt. Du kannst das einfach mittels Intention bewerkstelligen oder wieder einen vorgestellten Regler oder Senderwahlknopf dazu verwenden. Das ist ganz einfach, ich bin sicher, dass du den Bogen sehr schnell heraus hast.

Sobald der Kontakt hergestellt ist – das merkst du an der Starken Schwingung von Liebe, die von der Heimatdimension ausgeht –, lässt du dem Gespräch ganz zwanglos seinen Lauf, wie du es gewohnt warst, als dieser Mensch noch verkörpert war. Am Ende des Gesprächs verabschiedet ihr euch ebenso zwanglos und macht vielleicht aus, wann ihr euch wieder treffen werdet. Dann bedienst du dich der gleichen Mittel wie bei der Kontaktaufnahme, um diese Begegnung zu beenden. Finde langsam in dein Wachbewusstsein zurück.

Mit der Zeit, wenn du dir immer wieder diese Suggestion gibst und deine liebevolle Absicht stets im Vordergrund bleibt, wirst du solche Kontakte zu Verstorbenen auch während der Arbeit, beim Spaziergang und zu anderen Gelegenheiten während deines Tagesablaufs knüpfen können. Deine inneren Sinne, die du hier einsetzt, werden mit der Zeit stärker.

3. Ergebnisse: Beschäftige dich nach dem Experiment sofort mit der Aufzeichnung deiner Erlebnisse und Eindrücke.

10 Eine neue Welt

Dialog – 7. April 2004

Seth, kannst du etwas zu den aktuellen geschäftlichen Dingen im Zusammenhang mit deinem ersten Buch sagen? Ist das der Beginn dessen, was du »Wohlstandsphase« genannt hast?

Mark, du bist mitten in deiner Wohlstandsphase, du merkst es bloß nicht. Alle Zeit ist simultan, aber in deiner Dimension kannst du die Dinge nur eines nach dem anderen erleben, sonst würdest du sie nicht verstehen. Wenn du eine gefüllte Kuchenform in den Backofen schiebst, würde es dich doch sicher verwirren, wenn der Teig im gleichen Moment aufginge und der Kuchen dann auch sofort braun und fertig wäre. Du bist also bei allem, was du manifestierst, an Regeln gebunden, die praktisch in deine Realität »eingebaut« sind. Zum Glück seht ihr die Regeln, da ihr telepathisch verbunden seid, alle gleich, sonst stündet ihr ratlos vor einer völlig chaotischen Welt.

Nun stellt unsere Arbeit ein gewisses »Herumschrauben« an diesen so sicher erscheinenden Regeln dar, die ja zugleich Glaubenssätze und nicht zuletzt Vorschriften sind. In meinen früheren Büchern habe ich davon gesprochen, wie schwierig es ist, solche Grundannahmen zu ändern. Aber die Zeiten haben sich geändert, mein Freund. Du und deine Mitbewohner der Erde, ihr werdet zurzeit auf Veränderungen eurer Kernüberzeugungen eingestimmt, und das geschieht, während ihr träumt. Die meisten merken nichts davon. Aber sie wachen mit mehr Klarheit auf und mit dem Gefühl, dass alles möglich ist – trotz der Kriege und des Hungers und all der anderen schrecklichen Dinge ringsum.

Du bist schon da

Es kommt eine neue Welt und … du bist schon dort. Während du dieses zweite meiner neuen Bücher liest, wird göttliches Wissen in deinen Energiekörper geleitet. Dieses Wissen ist dir immer schon zugesprochen, es ist dein rechtmäßiges Erbe. Es ist die Wahrheit über deinen Status als Lebewesen auf der Erde. Und die Wahrheit ist einfach: Du hast kein Alter, du stirbst nie. Dein Seelen-Ich ist ewig und hat zahllose Stippvisiten auf dieser Erde und auf anderen Planeten, ja in anderen Galaxien und Dimensionen erlebt.

Und du, mein Freund – du und ich, wir sind eins. Wir alle sind eins, und so ist es immer gewesen. Wenn ich von unserer Verbundenheit spreche, meine ich energetische Netzwerke, durch die jede einzelne bewusste Zelle dieser gesamten Schöpfung mit jeder anderen bewussten Zelle verknüpft ist. Und über dieses Netzwerk möchte Alles-Was-Ist, die Energiequelle für *alles*, sich selbst durch deine Erfahrungen erkennen.

Nun existierst du derzeit in einem Körper, und es ist vielleicht nicht ganz einfach, diese Aussage als Wahrheit zu erfahren. Alles wird sich spätestens bei deinem Tod bestätigen – aber warte nicht so lange! Mach dir die Mitteilungen, die du hier von mir hörst, *jetzt* schon zunutze. Da scheidet sich in der verkörperten Wirklichkeit die Spreu vom Weizen:

Nimmst du die Herausforderung an, deine Lektionen jetzt zu lernen oder willst du dein Erwachen bis zu deinem Tod, wenn nicht in andere Leben hinein vor dir herschieben? Du entscheidest das selbst, ich kann dir nur zureden, nicht zu lange zu zögern.

Spiritualität

In der gegenwärtigen Phase eurer Evolution findet ihr zu eurem ursprünglichen, sich selbst erkennenden göttlichen Bewusstsein zurück. Ihr alle seid Avatare. Irgendwo wisst ihr das auch, und im Prozess des Erwachsens wird dieses Wissen »tragfähiger« werden und euch beim Umdenken über das, was ihr als möglich oder unmöglich anseht, eine große Stütze sein. Spiritualität ist ein Erinnern, aber Spiritualität weist euch auch den Weg in eine Zukunft, in der es für euch anstehen wird, eure gesellschaftlichen, politischen *und* spirituellen Institutionen neu zu gestalten. Deshalb achtet darauf, dass ihr euer eigenes spirituelles Erwachen nicht mit Skepsis und Misstrauen von euch fernhaltet. Lasst euch darauf ein, vertraut euch dem Strom an.

Darf ich dich auch daran erinnern, dass es in jedem Augenblick deiner gegenwärtigen verkörperten Wirklichkeit einen entsprechenden Augenblick in einem oder mehreren deiner simultanen Leben gibt? Jeder Augenblick spiritueller Entwicklung teilt sich den gleichzeitig erlebten Augenblicken in deinen vielen parallelen Inkarnationen mit. Es sind keine gleichen Leben, wie ich bereits dargestellt habe; sie finden zur Erweiterung des Erfahrungsschatzes von Allem-Was-Ist häufig in unterschiedlichen Weltgegenden und Epochen statt und das Geschlecht kann wechseln. Aber wenn du, lieber Leser, hier und jetzt einen ekstatischen Augenblick tiefen Begreifens erlebst, wird sich in vielen anderen deiner Leben auch so ein zeitloser Augenblick ergeben – wenngleich du dort einen anderen Körper und eine andere seelische Verfassung hast und auf einem anderen Stand der Seelen-Evolution bist als der, der jetzt dieses Buch hier liest. Lass das ganze Ausmaß dieses Zusammenhangs einen Augenblick lang auf dich wirken.

Jetzt signalisiert mein Freund Mark mir eben auf telepathischem Wege, dass diese Darstellung doch ein wenig karg wirkt und etwas mehr Fülle vertragen könnte. Gut, ich werde euch noch ein wenig mehr göttliches Wissen liefern …

Wenn du auf der Straße unverhofft einem alten Freund begegnest, den du vielleicht lange nicht gesehen hast, ist die Freude riesig, ihr fallt euch in die Arme, ihr gebt eurer Begeisterung über diese Begegnung Ausdruck. Und in diesem kostbaren, weiten Augenblick erlebst du in einem anderen Körper, wahrscheinlich ebenfalls auf der Erde, aber in einer anderen »Zeit«, ebenfalls solch ein Wiedersehen und in anderen simultanen Leben ebenfalls. Wenn du Fotos all dieser Wiedersehensszenen machen und sie vergleichen könntest, würdest du eine ganze Menge Übereinstimmungen feststellen. Du würdest sehen, dass die Schauplätze – Straßen, offenes Gelände oder das innere von Gebäuden – ähnliche Züge aufweisen und ähnliche Objekte – Bäume, Felsen, Häuser oder was auch immer – ähnlich platziert sind. Alle diese Szenen zeigen irgendwie dieselbe »Handschrift«, und wie könnte es anders sein, schließlich bist *du* ja der vieldimensionale Schöpfer aller dieser Szenen. Allen diesen Welten ist anzusehen, dass sie aus derselben Hand stammen – in diesem Fall deiner, denn du bist zusammen mit Allem-Was-Ist ihr Schöpfer.

Wenn du also deine derzeitige Erfahrung betrachtest, wie sie sich Augenblick für Augenblick entfaltet, mach dir bewusst, dass du nur die »Oberfläche« eines viel tieferen Geschehens siehst, das sich durch alle Ebenen deines vieldimensionalen Seins zieht.

Öffentliche Seth-Vorträge

Für alle interessierten Leser: Während wir dieses Buch schreiben, plant Mark zugleich eine Vortragsreise. Er vertraut darauf, dass ich ihn, während er da vor zahlendem Publikum sitzt, mit geeignetem Material versorge. Ihr wisst vielleicht, dass ich seit über zwanzig Jahren nicht mehr öffentlich gesprochen habe. Ich war in der Zusammenarbeit mit meinen ersten beiden Sprecherinnen auch nie so erpicht auf öffentliche Channeling-Auftritte. Aber mein dritter Sprecher, Mark, hat den Wunsch, euch meine Botschaft ganz direkt zu vermitteln, und er verfügt über die entsprechenden Fähigkeiten. Wir möchten das neue Material möglichst vielen Menschen ganz direkt und persönlich präsentieren, da es so am besten als Katalysator wirken kann und vielleicht im Einzelnen das große Abenteuer der Menschheit in Gang setzt. Worin es besteht, haben wir in diesem Buch besprochen: Aufnahme des Kontakts zur Energiepersönlichkeit und Erforschung der Dimension des geeinten Bewusstseins.

Diesen Katalysator kann dir auch das geschriebene Wort, das gedruckte Wort bieten. Deine Energiezentren oder Chakren können sich beim Lesen dieses Buches öffnen. Und das dürfte für dich die einfachste Art sein, die vor euch liegende Arbeit in Angriff zu nehmen. Aber wer sich einen direkteren Zugang wünscht und nicht in einem anderen Teil der Welt lebt, kann an diesen Vorträgen teilnehmen und so seine Verbundenheit mit der Seth-Wesenheit bekräftigen. Bei solchen direkten Begegnungen kann in kurzer Zeit sehr viel mehr vermittelt und aufgenommen werden als beim Lesen von Büchern oder bei der zurückgezogenen Meditation und Ähnlichem.

Wir arbeiten außerdem an anderen Möglichkeiten, potenzielle Interessenten zu erreichen – zum Beispiel über das Internet oder mit Tonaufzeichnungen. Euer »Zeitfenster«, die Chance, euer Seelen-Ich ins Spiel zu bringen und spirituell zu wachsen, wird mit jedem weiteren verstreichenden Monat kleiner. Der Höhepunkt unzähliger Jahre der Evolution ist nicht mehr fern.

Diese Dinge lassen sich nicht mehr aufschieben, bis ihr »Zeit dazu findet«. Zeit wird derzeit knapp [schmunzelnd]. Der Eindruck, den viele haben, dass die Zeit »nur so rennt«, trifft absolut zu. Ihr rast als Menschheit auf die große Transformation zu, und das bisschen Zeit, das euch noch bleibt, wird euch *wahrlich* kurz erscheinen, insbesondere wenn ihr es immer wieder aufgeschoben habt, euch um die Dinge der Seele zu kümmern und die tiefen persönlichen Lernaufgaben zu bewältigen, für die ihr dieses Erdenleben angetreten habt.

Ich rufe jedem von euch zu: Widme dich deiner spirituellen Praxis, auch deiner Kirche oder Religion, wenn sie der Seele, die du bist, dienen. Lies die Schriften der großen Meister, such den direkten Kontakt zu denen, die meine Botschaft und die Botschaften anderer Lichtkörper verbreiten. Die negativen Energieformen, die dunklen Kräfte, werden dich von deinem spirituellen Weg abzubringen versuchen. Das wird so bleiben, bis sich das kollektive Bewusstsein zu so viel Freundlichkeit und Mitgefühl aufgeschwungen hat, dass ein Umschlagspunkt erreicht wird und eure Schöpfungen als

Menschheit von da an mehr durch eure Stärken bestimmt sind. Genau das wollen wir Lichtwesen zusammen mit unseren menschlichen Freunden erreichen.

Liebevolle Kritik

Mir ist bewusst, dass ich mich in meinen neuen Büchern da und dort kritisch zu den organisierten Religionen in eurer Welt geäußert habe. Ich fand es notwendig, ein paar klärende Worte zu sagen, damit die wahren Zusammenhänge einer offenen Diskussion zugänglich werden. Ich – die Seth-Wesenheit, die hier spricht – bin kein Weltuntergangsprediger, ich habe nicht vor, euch Menschen auf Abwege zu locken. Wenn ich mich kritisch zu euren Institutionen und Verhaltensweisen äußere, geschieht das nicht nur zu eurem, sondern auch zu meinem eigenen Nutzen als einem höherdimensionalen Wesen, das zurzeit im Dienst eurer Erde steht. Und ich hoffe, ihr könnt erkennen, dass meine Hinweise auf Schwachstellen in eurem Denken, in euren Kirchen und in anderen Institutionen liebevoll gemeint sind. Wir Lichtwesen, die keinen physischen Körper haben, wollen euch dienen, und wir haben nichts anderes als Liebe zu geben. Wer die Botschaft, die ich vermitteln möchte, wirklich aufnimmt, wird diese Liebe spüren, da bin ich ganz sicher. Ich möchte euch unterrichten und inspirieren, wie es jeder Coach oder Lehrer tun würde, der mit dem Herzen bei der Sache ist.

Herrschaft und Unterwerfung

In einem früheren Kapitel habe ich angekündigt, dass ich zu diesem Thema etwas sagen werde. Wir sprachen bereits über diesen menschlichen Hang, die eigene Macht – die eigene Schöpferkraft – an andere, an Institutionen, an die Mächtigen abzugeben. Du brauchst das nicht als beschämend zu empfinden, Freund, es ist nur allzu verständlich. »Die Autoritäten« – Eltern, Lehrer, Arbeitgeber, religiösen Würdenträger, Politiker, Wissenschaftler und sogar Filmschauspieler – reden dir ja ständig zu, deine eigene Macht abzugeben. Und zum Lohn für deine Willfährigkeit versprechen sie dir Schutz und allerlei mehr oder weniger subtilen Nutzen. Es sind Verträge, in denen du dich des Rechts begibst, dein eigener Herr zu sein. Anschließend gehst du tatsächlich davon aus, dass du machtlos bist und den Schutz der Familie oder des akademischen Umfelds oder des Arbeitsumfelds brauchst. Es ist immer der gleich Ablauf: »Die da oben« usurpieren nach und nach die Macht des »kleinen Mannes«, und dazu versprechen sie ihm erst einmal Sicherheit und ein paar kleine Freiräume. Verstehst du jetzt, weshalb wir am Anfang des Buchs ein Ritual zur Schaffung eines geschützten Freiraums entwickelt haben? Es soll dir deutlich machen, dass du nur *in dir* Sicherheit und Bewegungsfreiheit findest. Dieser heilige Raum war immer schon in dir. Es steht in deiner Macht, diesen geschützten Freiraum mit deinen Gedanken und Gefühlen zu schaffen.

Dazu brauchen wir jetzt ein weiteres Ritual, und es wird ein Ritual der Selbst-Ermächtigung sein, mit dem du deine vielleicht voreilig abgegebene Macht wieder für dich reklamierst.

EXPERIMENT: RITUAL DER MACHT

Hypothese: Hand in Hand mit deiner Energiepersönlichkeit kannst du deine Macht zurückerobern.

Die eigene Macht wieder an sich nehmen – das ist wirklich eine gute Sache für jeden, der sich angewöhnt hat, in Gruppen unterzuschlüpfen und dort Sicherheit zu suchen. Es geht ja nicht um Macht »über« – es geht um eine Macht, die euch allen, euch inkarnierten Menschen, gemeinsam ist. Jeder Mensch ist eine individuelle Seele in einem Körper. Du als Seele stehst im Zentrum deiner körperlichen und nichtkörperlichen Welt. Das kosmische Zentrum deiner Welt ist allmächtig. Es mag dir so vorkommen, als wärst du nur eine ganz kleine Stimme in einem gewaltigen Chor, aber auf der Seelen-Ebene ist dir sehr wohl bewusst, dass du nur »so getan« hast, als wärest du eine kleine Stimme. Du hast nie vorgehabt, deine Macht auf Dauer abzugeben.

Diesen Gedanken möchte ich noch ein wenig ausweiten. Im Reinkarnationsdrama deines Lebens gibt es eine ganze Menge So-tun-als-ob. Das Ego liebt einfach diese Einbildung, das Leben sei so und so und vor allem voller Spannung und Dramatik. Wäre da nicht dieses Ego mit seinem Sinn fürs Theatralische, du würdest dich kaum so vollständig von der *wahren* Wirklichkeit hinter den oberflächlichen Erscheinungsformen ablenken lassen, du würdest kaum so ganz und gar dieser »Tarnungs-Realität« verfallen, in der du lebst.

Es ist ganz in Ordnung und in gewissem Sinne sogar notwendig, an die Einbildungen und Vortäuschungen zu glauben, die dein Leben Augenblick für Augenblick ausmachen. Aber wenn du aufwachen möchtest, wirst du dich von den Gute-Nacht-Geschichten über deine äußere Realität trennen müssen. Natürlich heißt das nicht, dass du die physische Seite deiner persönlichen Wirklichkeit ganz und gar abschreiben müsstest. Das empfiehlt sich nicht und steht für die allermeisten von euch auch gar nicht zur Wahl.

Um deine Macht zurückfordern zu können, brauchst du unter anderem Symbole, die für dich eine besondere Bedeutung tragen. Vielleicht erinnerst du dich an Fälle, in denen du Macht an die »Autoritäten« abgegeben hast, und wie du dich anschließend »verkleinert« gefühlt hast. Vielleicht erinnerst du dich an den Gedanken, dass es notwendig war, um weiterhin »dazuzugehören«. Wenn du dich erinnerst, wird die Gestaltung deines Rituals eine Kleinigkeit sein: Stell dir einfach das Gegenteil all dieser Empfindungen und Bilder vor.

Betrachte jetzt diese Gedanken, Bilder und Gefühle im Hinblick auf die Vorstellung, »deine Macht wieder für dich zu reklamieren«. Schreib auf, was dir dazu einfällt, oder zeichne, was du vor dem inneren Auge siehst. Und dann verdichte diese geistigen Gebilde zu einem einzigen Bild oder einer Empfindung, in der dieses Gefühl von persönlicher Macht spürbar schwingt. Vielleicht hilft es dir auch, ein symbolisches Schmuckstück anzufertigen und zu tragen oder eine Aussage zu formulieren, die für dich all dies in sich vereinigt – irgendetwas, das dir als Seele diese Ideen und Bilder der Selbstermächtigung immer wieder vor Augen führt.

Nehmen wir als Beispiel an, dass du im Hinblick auf deine Familie ein Gefühl der Machtlosigkeit empfindest. Vielleicht ist das, wie bei so vielen deiner Zeitgenossen, ein chronischer Zustand. Du bist inzwischen erwachsen, aber deine Eltern oder andere Angehörige behandeln dich nach wie vor wie ein kleines Kind. Du hast deine Macht an diese Personen abgegeben, als du noch sehr klein warst, und wahrscheinlich hast du diese Dynamik später selbst in Gang gehalten, um nur ja keinen »Unfrieden« zu stiften und deine Zugehörigkeit nicht zu gefährden. Eigentlich hast du damit gesagt: »Ich bin ein zu kleines Licht, als dass ich dazugehören und auch noch erwarten dürfte, dass meine Worte Gewicht haben. Sollen ruhig die anderen, die das Sagen haben, über alles bestimmen – ich halte mich im Hintergrund.« Als du größer und schließlich erwachsen wurdest, hast du nach diesem Muster alle weiteren Rollen gestaltet – in der Schule, in

Gruppierungen jedweder Art, im Arbeitsleben und so weiter. Nach einem einzigen Schnittmuster kreierst du dir ein ganzes Leben der Unterwürfigkeit und Autoritätshörigkeit. Und so bist du in jedem »Chor« die ganz kleine Stimme, die einfach untergeht.

1. Ritual: Schaffung eines geschützten Freiraums.

2. Experiment: Du entwirfst jetzt ein anderes Schnittmuster, nach dem du künftig persönliche Wirklichkeit kreierst. Vielleicht ist es das genaue Gegenteil der Vorlage, die du seit deiner Kindheit benutzt hast.

Bring dich in einen entspannten Zustand. Das sollte inzwischen nur noch ein paar Augenblicke dauern. Du könntest die Intention dazu mit einer kleinen Geste verbinden, zum Beispiel mit einem Fingerschnalzen oder einer kleinen Grimasse. Nach einiger Zeit brauchst du nur noch diese Geste zu machen und bist dann augenblicklich in dem Zustand, den wir für das Experiment benötigen. Wenn du entspannt bist, wendest du dich deinem Symbol für persönliche Macht zu, was es auch sei – ein kleiner Singsang, ein inneres Bild, ein Schmuckstück oder Kunstwerk, ein kleines Manifest; es muss etwas sein, was dir ein Gefühl von Selbstvertrauen und persönlicher Macht vermittelt.

Experimentiere damit. Du wirst sehen, dass dein Ritual mit der Zeit wirklich Kraft und Wucht bekommt. Es wird dir zur Gewohnheit werden, sodass du es jederzeit bei dir haben kannst, um es still für dich ins Spiel zu bringen, wenn du in Situationen kommst, die Gefühle von Machtlosigkeit bei dir auslösen. Du gestaltest deine Realität dann nach einem neuen Muster, und deine äußere Welt wird zunehmend deinen eigenen Intentionen entsprechen.

3. Ergebnisse: Zeichne auf, was du bei diesen Experimenten erlebst. Vergewissere dich nach einiger Zeit, ob die Hypothese stimmt oder geändert werden muss.

EXPERIMENT:
BEGEGNUNG IN DER SIMULTANEN ZEIT

Hypothese: Du kannst dich in der nichtlinearen Zeit mit anderen menschlichen Entsprechungen der Seth-Wesenheit treffen.

Im Vorwort zum ersten dieser neuen Bücher hat Mark zu einem Treffen von besonderer Art angeregt: »Vielleicht«, sagte er dort, »gibt es irgendwo hier in der ›simultanen Zeit‹ einen Punkt, an dem wir alle einander jetzt, da Seth wieder da ist, begegnen und uns über unsere persönlichen Abenteuer mit diesem Material austauschen können.« Mir ist klar, dass so etwas allem widerspricht, was ihr in der Schule gelernt habt. Aber erinnert euch an das, was ich über Autoritäten und Institutionen gesagt habe. Im Zuge eures Erwachens, das bereits begonnen hat, werdet ihr immer wieder Anlass und Gelegenheit haben, eure Grundannahmen über euch selbst und die Welt gründlich zu überprüfen und zu revidieren. Euer Vorstellungsvermögen kann euch dabei eine große Hilfe sein.

Bei unserem letzten Experiment in diesem Buch werde ich dich, lieber Leser, zu einem sehr mutigen Schritt in die unbekannte Wirklichkeit auffordern. Du sollst dir, das ist mein Wunsch, selbst beweisen, dass du mit anderen von deiner Art, mit anderen menschlichen Entsprechungen der Seth-Wesenheit, Kontakt aufnehmen und kommunizieren kannst – und zwar einfach dadurch, dass du hier in deinem gegenwärtigen Jetzt-Augenblick, an deinem Punkt der Kraft, den Entschluss dazu fasst. Du kannst dabei alles einsetzen, was du im Verlauf unserer bisherigen Experimente an Entdeckungen gemacht hast. Geh am besten in einer spielerischen Haltung an dieses Experiment heran. Die Abenteuer im Reich deiner Fantasie sollen Spaß machen – ganz wie damals in deiner Kindheit.

1. Ritual: Schaffung eines geschützten Freiraums.

2. Experiment: Entspanne dich nach einer Methode, die sich für dich als besonders wirksam erwiesen hat. Wenn der Zustand erreicht ist, kannst du dich wieder unserer Senderknopf-Metapher bedienen und dein Bewusstsein auf »simultane Zeit« abstimmen, wo du vielleicht die Anwesenheit anderer von deiner Art spüren wirst. Nimm dir vor, dass du Kontakt aufnehmen wirst, wie du ja auch die Forschungsziele unserer früheren Experimente mittels deiner Intention erreicht hast. Selbstverständlich kannst du deine Energiepersönlichkeit um Unterstützung bitten.

Du wirst jetzt wahrscheinlich Eindrücke empfangen, die von deinen inneren Sinnen interpretiert werden. Das sensorische Format kann wechseln. Vielleicht siehst du Gesichter, die dir vertraut erscheinen, als hättest du sie schon oft gesehen, vielleicht in Träumen. Oder du hörst Geräusche, die sich mit anderen Umgebungen und Orten auf eurer Erde verbinden. Du kannst Notizen oder Tonaufzeichnungen machen, sofern der Ablauf der Ereignisse dadurch nicht gestört wird.

Es kann dir so vorkommen, als würdest du dies alles erfinden. So ist es auch – aber du erfindest das hier nicht mehr und nicht weniger als dein gewohntes persönliches Wirklichkeitsfeld. Wenn sich das Gefühl einstellt, dass du einstweilen genügend erfahren hast, kehrst du langsam ins volle Gewahrsein deiner äußeren Wirklichkeit zurück.

3. Ergebnisse: Dokumentiere wie gewohnt alles, was du erlebt hast.

Als »Nachwirkung« dieses letzten Experiments kann es zu »zufälligen« Begegnungen mit anderen Entsprechungen der Seth-Wesenheit in deinem Alltag kommen. Du wirst sie ohne Weiteres erkennen. Ich bin sicher, dass du es bei diesen Ausflügen in die nichtkörperliche Realität weit bringen wirst.

Nachwort: Ein weites Feld

Wissen, was unter den jeweils gegebenen Umständen zu tun ist – das ist für euch der Schlüssel zu dem Leben, das ihr möchtet. In diesem Buch habe ich aufgezeigt, wie ihr mit euren Führern in Verbindung treten könnt, damit sie Gelegenheit bekommen, euch zu helfen und tatsächlich zu *führen*. Dann geht es nur noch darum, dass ihr vor dem Kontakt euer Ritual ausführt oder einfach auf das innere Signal dazu wartet. Der Kontakt wird *sicher* zustande kommen, und dann könnt ihr die unschätzbar wertvollen Dienste dieser göttlichen Mittler in Anspruch nehmen, wenn ihr im Laufe des Tages Anleitung braucht.

Wenn du, lieber Leser, diese Botschaft in die Welt tragen möchtest, werden dir die Skeptiker entgegentreten. Dazu sage ich dir, was ich auch Mark sage, wenn er Menschen trifft, die unter dem Einfluss negativer Kräfte stehen: Wende die Techniken an, die ich dir gezeigt habe, setze alles Wissen ein, das du durch deine Experimente gewonnen hast, um ärgerliche und angstbesetzte Gedanken und Vorstellungen in das zu verwandeln, worauf du dich immer stützen kannst – Liebe, Mitgefühl und Selbstvertrauen. Daran erweist sich der echte Wissenschaftler des Bewusstseins: Wenn du ein persönliches Ritual zur Schaffung eines geschützten Freiraums für dich entworfen hast, wenn du die Experimente gemacht und alle Ergebnisse genau festgehalten hast, wenn du die Befunde, die dir bei deinen tagtäglichen Lernerfahrungen als Seele besonders dienlich sein können, in eine für dich persönlich anwendbare Form gebracht hast – wenn all das geschehen ist, kannst du den Neinsagern auf deinem Weg getrost entgegentreten. Jetzt bist du nämlich auf deinem spirituellen Weg: Du gewinnst jedem Augenblick sein Gutes ab, du triffst deine freie Entscheidung für die bestmögliche aller dir zu Gebote stehenden wahrscheinlichen Aktionen, und du handelst in der liebevollen Absicht, für alle das Beste zu erwirken. Du wirst ganz zu dem, der du bist, und so bist du den Herausforderungen der vieldimensionalen Erfahrung gewachsen. Du wendest die Instrumente an, die du für dich entdeckt hast und entwickelst dich auf dem weiten Forschungsfeld deines Lebens zur Meisterschaft.

Fragen an Seth

Zum zweiten Buch

Mark: Seth, ich würde gern unser Gespräch über unser zweites Buch und seine Inhalte fortsetzen.

Seth: Einverstanden, Mark. Das nächste Kapitel unserer neuen Botschaften … der Teil über eure inneren Sinne. Ich würde das gern als interaktive Übung gestalten. Ich werde den Leser auffordern, das Buch abzulegen und zu sehen, ob er die inneren Sinne irgendwie fühlen oder spüren kann. Als Kind hast du das viele Male gemacht. Fantasie – die Kraft, die diese inneren Sinne antreibt, ist deine Fantasie. Jetzt sagst du vielleicht: »Dann ist das alles doch bloß eine Scheinwelt.« Richtig. Aber glaub mir, deine Wirklichkeit ist auch eine Scheinwelt, entstanden aus euren kollektiven Fantasien. Ihr entscheidet als Menschheit, was ihr durch euren Glauben »real« sein lasst. Ihr manifestiert eure Gedanken nach kollektiv festgelegten Regeln und »Spezifikationen« … mir fällt gerade kein besseres Wort ein. Das geschieht vor allem im Traumzustand. Ihr erträumt demnach buchstäblich die Welt, die ihr dann beim Aufwachen wahrnehmt. Im Grunde ist diese im Wachzustand wahrgenommene Welt ebenfalls eine Traumwelt. Ihr *glaubt* lediglich, sie sei realer als eure Traumwelt im Schlaf, und dann erlebt ihr sie auch als realer. Beide sind Bewusstseinszustände und *als solche* gleich real. Beide haben reale Folgen und beide folgen ihrem jeweiligen Pfad der Evolution.

Gut. In unserem zweiten Buch wird es Experimente zur Bewusstseinsforschung geben, und zwar auf der Basis des Gedankens, dass der Leser als ein echter Wissenschaftler des Bewusstseins forschen kann, wenn er die eigenen Sinne und Wahrnehmungen zu seinen Instrumenten macht. Diese Instrumente muss man natürlich erst einmal in Schuss bringen, abstauben, die Okulare putzen. Was da abgewischt wird, sind alte Überzeugungen, Vorstellungen, Gedanken der urteilenden Art. Vom Ego beherrschtes negatives Denken hat diese Instrumente unbrauchbar gemacht und muss gründlich beseitigt werden, bevor sie euch ein getreues Abbild der Dinge liefern können.

Es geht, alles in allem, um den Blickwinkel der Seele … Ich möchte zwar niemanden mit solchen Ausdrücken verschrecken, aber ich denke, wir sollten die Dinge, um die es hier geht, einfach bei ihrem richtigen Namen nennen. Es sind spirituelle Ideen, wir sprechen von der Welt der menschlichen Seele. Es wird in letzter Zeit diskutiert, was Begriffe wie »Seele« oder »Geist« überhaupt noch leisten können, da sie in eurer Welt mit religiösen Bedeutungen überfrachtet wurden. Aber die Wörter gehören natürlich nicht den Religionen, und ich finde, ihr wäret gut beraten, euch eure Wörter, eure Gedanken, eure Macht, *eure Spiritualität* zurückzuholen. Wie? Definiert einfach neu, was ihr unter Spiritualität versteht.

In der Zusammenarbeit mit meiner ersten Sprecherin und ihrem Mann [neuerdings verwendet Seth weibliche Pronomina, wenn er von ihr spricht], war die Sache eigentlich von vornherein abgemacht: Über spirituelle Dinge wurde nicht gesprochen, sie waren »unwissenschaftlich«. Für unser gegenwärtiges Projekt möchte ich, dass du »wissenschaftlich« neu definierst. Was ist ein Wissenschaftler, was tut er? Wie schon gesagt, die Wissenschaftler der Zukunft werden sich ihrer Wahrnehmung als Instrument benutzen, um ihre Welt zu erforschen und neu zu erschaffen. So wird es sein, und wenn du jetzt schon loslegst, wirst du anderen vermitteln können, was du hier lernst.

Das verlorene Konzept

Ich bin froh, dass ich die Mitschrift unserer ersten Sitzung wieder gefunden habe. Ich hatte sie nur falsch abgelegt. Du hattest da schon einen Abriss der weiteren Sitzungen gegeben.

Ja. Unser zweites Buch wird hauptsächlich von der Energiepersönlichkeit und vor der vierten Dimension handeln: wie man die Energiepersönlichkeit auffindet und im ständigen Austausch mit ihr bleibt; wie man sich die vierte Dimension erschließt und die inneren Sinne einsetzt, um in ihr zu *bleiben*.

Wir werden hier an Dinge anknüpfen, die ich vor langer Zeit in *The Magical Approach* und anderswo in diesen früheren Büchern angesprochen habe. Du kennst diese Aussagen gut, weil dich der magische Aspekt meiner Aussagen besonders anspricht. Wir werden also ganz bewusst ein paar Begriffe aus den okkulten Traditionen aufgreifen und vielleicht klären, um herauszuarbeiten, was eigentlich das Magische an der Existenz der Menschheit auf der Erde ist.

Seth-Websites

Seth, was hältst du von all diesen Websites, die sämtlich behaupten, sie wüssten genau, was Seth sagt und meint?

Zunächst einmal finde ich es durchaus schmeichelhaft, dass sich dafür überhaupt noch jemand interessiert. Dass sich nach all den Jahren noch so viele erinnern – wirklich, es ehrt mich. Ja, es gibt da auch »Ego-Trips«, und du weißt ja, wie so etwas mich wurmen kann. Aber lass gut sein, Mark, die allermeisten werden unsere Arbeit letzten Ende anerkennen. Sie ist nicht von der Hand zu weisen, oder? Ich bin genau der, der ich zu sein behaupte, fertig. Du bist jetzt meine Stimme, und wir werden ihnen in den Vortragssälen, in den esoterischen Buchläden und auf der Straße begegnen. Wir werden ihnen klarmachen, dass ich wieder da bin und wie früher erreichen möchte, dass ihr euch aufrafft und mit eurer Evolution Ernst macht. Manche werden es nicht hören wollen. Das sind die, die es eigentlich am nötigsten hätten. Manche kommen als »Kenner« daher, leben aber nicht ihren eigenen Worten entsprechend. Es wird für diese Leute heilsam und aufschlussreich sein, vielleicht denken sie um und bewegen sich vorwärts.

Dein Gedanke [der mir gerade kam und den Seth offenbar aufschnappte], dass in meinen Worten Energie liegt, die sich durch das Buch auf subtilen Bahnen mitteilt, trifft zu. Sehen wir also zu, dass wir das Buch in die Hände von Leuten bekommen, die wirklich etwas damit anfangen können. Die werden unweigerlich erkennen, dass ich zurückgekehrt bin; sie werden ihre Abwehrhaltung lockern oder aufgeben.

Das Ego glaubt ja, dass es das Sagen hat. Und sieh dir an, was eine Ego-Gesellschaft wie die in den Vereinigten Staaten anrichtet. Der Rest der Welt fürchtet euch. Wer vertraut euch noch? Ihr seid schon fast ein »unberührbares« Land geworden. Ein ziemlicher Abstieg für das mächtigste Land der Welt, oder? Dieses Land muss bescheidener werden und seine Lernaufgaben ernst nehmen. Ansonsten werdet ihr untergehen. Und ihr werdet selbst dafür sorgen. Es geschieht bereits. Euer Land zerfällt von innen heraus. Überall im Land herrscht Uneinigkeit, die Menschen lehnen sich auf. Die Visionäre, von denen ich im ersten Band und in diesem gesprochen habe, bereiten sich auf ihre Führungsaufgaben vor, aber die jetzigen Machthaber werden die Zügel nicht ohne Weiteres aus der Hand geben. Sie werden sich daran festklammern, als gelte es ihr Leben – und so ist es auch. Eure Entscheidungsträger haben sich den dunklen Kräften ergeben, und wenn sie euer Land und die Welt nicht aus ihrem Würgegriff entlassen, werden sie schlicht und einfach von den Kräften des Lichts aus ihren Positionen entfernt. Mehr kann ich darüber gegenwärtig nicht sagen. Ich gebe dir nur einen Geschmack von dem, was für das zweite und dritte Buch zu erwarten ist. Ja, Mark, so fühlt es sich an, Seth zu channeln. Was sagst du dazu?

Es fühlt sich gut an. Wie Inspiration eigentlich. Wir sollten das regelmäßig machen.

Das werden wir. Guten Tag.

Das telepathische Netzwerk

Seth, du hast von dem telepathischen Netzwerk gesprochen, auf dem die von uns geschaffene Wirklichkeit ruht. Kannst du das noch weiter ausführen? Vielleicht gibt es eine visuelle

Vorstellung oder Metapher, die es für unsere Leser anschaulicher machen könnte.

Ja … Schichten, Dimensionen, Hologramme, Gitterwerke, geschachtelte Realitäten – so lässt sich das, was ich das telepathische Netzwerk nenne, annähernd umschreiben, aber wirklich nur sehr oberflächlich. Was es eigentlich ist, lässt sich nicht sagen. Wenn du die höheren Dimensionen regelmäßig aufsuchst, wirst du die Vieldimensionalität des Netzwerks erfassen können. Deshalb möchte ich dich und unsere Leser auf diesen Weg bringen. Die telepathische Realität soll für euch mehr als bloß eine intellektuelle Vorstellung sein.

Um es zu wiederholen: Alles in eurer Realität ist bewusst, empfindungsfähig, selbstreflektierend, *lebendig*. Deshalb ist jedes Atom aktiv am telepathischen Netzwerk beteiligt und weiß, im holografischen Sinne, um jedes andere Atom im geschaffenen Universum. Zwischen sämtlichen Atomen bestehen Beziehungen, und zwar Beziehungen, in denen sie sich gegenseitig unterstützen. Dasselbe könntest du übrigens von meinen Bewusstseinseinheiten sagen. Tatsächlich sind Atome im Grunde nichts anderes als meine Bewusstseinseinheiten, nur ein Stück weiter auf der »Flugbahn« der Realitätsschöpfung. Beim Durchführen der Experimente in diesem Buch hast du dieses göttliche Beziehungsgeflecht vielleicht schon subjektiv erlebt. Die Sache ist also kaum in Worte zu fassen, aber durchaus erfahrbar. Über dieses Netzwerk wird in unserem nächsten Buch noch viel mehr zu sagen sein. Einstweilen, glaube ich, genügt diese Darstellung.

Lemuria

Seth, ich sollte dich daran erinnern, dass du in diesem Fragenteil noch etwas über die Lemuria-Kultur sagen wolltest. Möchtest du das jetzt tun?

Die Lemurier sind buchstäblich in jedem Augenblick des Tages und der Nacht für euch erreichbar. Ihr nähert euch ihnen durch angemessene Rituale, wie wir sie in diesem Buch beschreiben. Du wirst bemerkt haben, dass dieser rituelle Zugang, immer und immer wieder geübt, zusammen mit einer klaren Intuition diese Möglichkeiten des Kontakts eröffnet, sei es zu den Lichtwesen oder zu anderen spirituellen Wesenheiten – und eben auch zu den Bewohnern von Lemuria. Wir sprechen hier am besten von Kontakten zu Verbündeten und Vertrauten. Wir haben von den verschiedenen nichtkörperlichen Wesen gesprochen, die mit der Aufgabe betraut sind, dich anzuleiten und dir auf deinem Weg des Erwachens weiterzuhelfen. Im gleichen Sinne haben auch diese Bewohner der Unterwelt den Auftrag, dich in ihrer Domäne zu führen. Die Zugangswege zu diesem Reich findest du beispielsweise in Gärten, etwa in der Form visualisierter Öffnungen im Boden, die ins Erdinnere führen. Bitte in deiner Meditation um Kontakt und Anleitung und sieh dich im Wachzustand wie im Traum nach Kontaktmöglichkeiten um. Wenn sich ein Kontakt ergibt, erkundige dich, was es in der Welt dieser Wesen zu sehen und zu erleben gibt. Hier sind wie bei allen anderen Begegnungen mit nichtkörperlichen Wesen Aufrichtigkeit, Mitgefühl und gute Absichten die entscheidenden Zutaten.

Negative Wesenheiten

Seth, kannst du uns sagen, wie wir uns eine negative Wesenheit vorzustellen haben?

Ja, es wird gut sein, das einmal anzusprechen. Alles-Was-Ist, das habe ich dir schon gesagt, ist die Energiequelle für die Erschaffung aller Realitäten. Du bist ein Ausläufer von Allem-Was-Ist und gegenwärtig wie deine Mitmenschen damit beschäftigt, in deinem persönlichen Wirklichkeitsfeld das zu lernen, was du dir vorgenommen hast. Nun gibt es einen umfassenderen Aktionsrahmen, in den eure Leben eingebettet sind – wir könnten ihn das spirituelle oder ätherische Umfeld eures Planeten nennen. In dieser Sphäre halten sich höherdimensionale Wesen auf, darunter die Lichtwesen. *Alle diese Wesen werden aus menschlichem Bewusstsein gebildet.* Und wie positive, liebevolle Bewusstseinsimpulse Lichtwesen entstehen lassen, so gehen aus negativen, hasserfüllten und destruktiven menschlichen Bewusstseinsimpulsen die finsteren Kräfte, die negativen Energiewesen hervor. Es ist logisch und unabweisbar, Mark: Bewusstsein erschafft Realität und Wesen, die darin leben.

Gegenwärtig haben die negativen Energien eure Führungsspitzen ganz gut im Griff, vor allem im Westen. Es ist offensichtlich und wurde auch schon gesagt, aber ich will es trotzdem wiederholen: Jede Tötung von Menschen durch Menschen, wie es auf euren Straßen und in euren Wohnungen geschieht, ist ein Verstoß gegen das universale Gesetz. Massenhaftes Töten, zum Beispiel durch militärische Operationen in anderen Ländern, ist ein kollektiver Bruch des universalen Gesetzes. Wäre eure politische und militärische Führung mit den Lichtwesen im Bunde – und das streben wir ja zurzeit an –, hättet ihr nicht diese schreckliche Realität mit ihren Kriegen, wirtschaftlichen Zusammenbrüchen, dem unwürdigen Umgang mit Armen und Behinderten und so vieles mehr. Ich spare mir weitere Einzelheiten, ihr kennt sie selbst gut genug. Ihr wisst, was zu geschehen hat, um diese Zustände zu ändern. Mit unseren Büchern geben wir dem Leser alles an die Hand, was er dazu braucht.

Seth-Sprecher in den letzten zwanzig Jahren

Seth, durch wen hast du in den zwanzig Jahren seit dem Tod deiner ersten Mitarbeiterin gesprochen?

Ja, darüber kann ich ziemlich genau Auskunft geben. Du hast da einen Faden aufgenommen, der mit Huxley [Aldous Huxley] zu tun hat. Ja, meine erste Sprecherin hat den »Anschluss« praktisch direkt nach Huxleys Tod übernommen, und Huxley war nicht der einzige, der in diesem Kommunikationsnetzwerk eine »Nebenstelle« besetzte – es gab außer ihm zahllose andere. Ganz wenigen ist es wie dir gelungen, die Information klar zu empfangen und zu publizieren. In diesen zwanzig Jahren, von denen du sprichst, haben viele Autoren Bücher veröffentlicht, die auf meinen Mitteilungen an sie basierten, aber sie haben die Herkunft des Materials nicht erkannt, sondern sich selbst für die Urheber gehalten. Das ist völlig in Ordnung, und so ist es ja auch über lange Zeit immer gewesen. Sieh dir eure New-Age-Literatur an, du kannst die Bücher herausspüren, die auf Seth zurückgehen. Deine Intuition wird dir sagen, dass die Seth-Wesenheit das Bewusstsein der Menschen auf eine neue Ebene zu heben versucht, und das zum Teil durch die »anonyme« Veröffentlichung solcher Bücher. Du bist seit dem Tod von Jane Roberts der Erste, der meine Bücher als Seth-Bücher auf den Markt bringt. Du kannst jedem, der fragt, genau das mitteilen, was ich hier eben gesagt habe.

Eine Leserfrage über Urantia

Seth, möchtest du die Leserfrage über Urantia beantworten? Was denkst du darüber?

Ja, ich kann etwas dazu sagen. Das Werk, auf das dieser Leser unseres ersten Buchs anspielt, ist für viele Menschen sehr wichtig. Es handelt sich um gechanneltes Material »außerirdischen« Ursprungs, wie ihr das nennt. Hier wird, von biblischem Gedankengut und biblischen Gestalten ausgehend, nach dem Wesen der dreidimensionalen Wirklichkeit und höherer Wirklichkeiten gefragt. Ich bin, wie ich schon dargelegt habe, kein Außerirdischer, aber ich denke, ich kann trotzdem etwas dazu sagen. Diese Wesenheiten sind so real wie ich. Wenn du glauben kannst, dass die Seth-Wesenheit die Menschheit lehrt und bildet, wird es dir nicht schwerfallen, die Urantia-Lehren ebenfalls als legitim zu betrachten und zu sehen, dass sie lediglich andere Aspekte des Menschseins ansprechen. Die Lichtwesen intensivieren ihre Kontakte zur Menschheit gegenwärtig und möchten mehr Einfluss gewinnen. Der Rat »Nimm das, was dir etwas sagt, und den Rest lass weg« ist in dieser kritischen Lernphase der Menschheit für jeden Sucher angebracht, der auf höhere Erkenntnis aus ist.

Noch ein ergänzendes Wort zu dem, was ich in unserem ersten Buch gesagt habe: Die sogenannten Außerirdischen sind euch näher, als ihr denkt. Wenn ihr sie mehr als interdimensionale Wesen denn als Außerirdische seht, kommt ihr den tatsächlichen Verhältnissen näher.

Indianer

Kannst du die Frage meiner Mutter über die Indianer beantworten? Sie möchte von dir etwas über die Indianer als die »ersten Menschen« hören. Woher kamen die Ureinwohner Amerikas?

Ich bin nie weit weg, Mark. Ja, die Ureinwohner Amerikas bezeichnen sich selbst als die ersten Menschen, und das mit gutem Grund. Wie die anderen frühen Bewohner eurer Erde kamen sie von anderen Sternensystemen her zur Erde, vor allem vom Sirius. Du erinnerst dich, dass die gesamte Menschheit ihre Ursprünge in anderen Systemen hat, aber nur wenige Völker, darunter die Indianer, können sich noch an diese Zusammenhänge erinnern, weil sie die Geschichten von Generation zu Generation lebendig hielten – durch Erzählungen und Gesänge und auf telepathischem Wege.

Vergiss aber auch nicht, Mark, dass Ahnentafeln und Stammbäume eigentlich keinen Sinn haben, wenn man bedenkt, dass eine Seele sich um bestimmter Lernerfahrungen willen in bestimmten Familien inkarniert. Anders gesagt: Du warst bei deinen vielen, vielen Reisen in das inkarnierte Dasein nicht nur Indianer, sondern hast allen nur erdenklichen Völkern angehört. Bei deiner Mutter war es nicht anders. Und in diesem gegenwärtigen Zeitrahmen seid ihr eben zusammengekommen, um genau das zu lernen, was diese bestimmte Familienkonstellation euch zu lernen erlaubt. Ihr kennt eure Lernaufgaben. Sie sind euch sehr deutlich bewusst.

Wenn du nach dieser Inkarnation in deine Heimatdimension überwechselst, wirst du vielleicht wieder eine Familie wählen, in die du hineingeboren wirst und wo du vermutlich wieder Mitgliedern deiner jetzigen Familie in neuen Körpern begegnen wirst, um mit ihnen zu lernen, was *dann* zu lernen ist; oder du ziehst weiter in höherdimensionale Bereiche. Ich will dich nicht langweilen, aber das ist die Wahrheit über den Familienstammbaum. Er hat entschieden mehr Äste und Wurzeln, als ihr annehmt.

Danke, Seth.

Keine Ursache, Mark. Und vergiss nicht, deine Mutter zum Muttertag von mir zu grüßen.

Vorträge

Du hast gesagt, dass wir irgendwann große Vortragssäle füllen werden, dass die Leute ganz gespannt darauf sein werden, was du durch mich zu sagen hast.

Ja, es wird so sein, du musst nur die Rahmenbedingungen schaffen und ein Kommunikationsnetzwerk aufbauen. Die Welt muss erfahren, dass Seth wieder da ist, das ist eigentlich alles. Meine Fans *werden* aus aller Welt zu deinen Vorträgen kommen wollen. Und du brauchst nicht zu fürchten, dass ich dich dann im Stich lasse. Wir üben erst einmal im Kleinen und sehen zu, wie ich mich zehn, zwanzig oder dreißig Leuten verständlich machen kann. So bereitest du dich auf die Vortragssäle der Welt vor, wie ich dir schon mehrfach versichert habe. Sieh die Dinge zuversichtlich und setz die Arbeit an unseren Büchern fort.

Seths erste Sprecherin

Hat sich deine erste Sprecherin erneut inkarniert? Bist du wieder ihr Lehrer dabei? In welcher Beziehung stehe ich zu ihr?

Sie hat sich seit ihrem letzten Übergang noch nicht wieder auf ein Reinkarnationsabenteuer eingelassen. Sie hält sich in ihrer Heimatdimension auf und tut das, was sie am liebsten tut – studieren, schreiben, kreativ tätig sein. Sie ist so vielfältig begabt und setzt ihre Talente gern schöpferisch um. Ich bin, wie ich bereits erwähnte, nach wie vor ihr Lehrer, ihr Mentor. Unsere Zusammenarbeit als Wissenschaftler des Bewusstseins geht lückenlos weiter. Und an manchen unserer Projekte bist *du* beteiligt, ja. Wir werden, wenn du einverstanden bist, eine »Dreierkonferenz« zwischen dir, ihr und mir versuchen. Der Austausch mit mir ist ja kein Problem für dich, da dürfte ein Gespräch zu dritt auch nicht schwierig sein – ich muss nur noch an der Feinabstimmung der Energien arbeiten. Nötig ist dazu nichts weiter als dein Einverständnis.

Ich bin einverstanden. Klingt aufregend. Könnte das etwas für ein Buch werden?

Ja, Mark, das wird spannend und rechtfertigt sicher ein eigenes Buch. Was nun die Frage deiner Beziehung zu ihr angeht … Du, Mark, bist eines der simultanen Leben in der Gesamtheit der simultanen Leben, die zusammen die

Seth-Wesenheit ausmachen, dazu gehören auch Cas und andere in diesem Zeitrahmen, die noch inkarniert sind. Du wirst in der Zukunft, wenn du meine Botschaften in die Welt trägst, noch anderen Angehörigen der Seth-Wesenheit begegnen. Du wirst sie ohne Weiteres erkennen. Ich werde dich erinnern. Du gehörst zu dieser Bruder- und Schwesternschaft, und durch diese Verbindung werdet ihr euch finden und zur Umorientierung eurer Welt beitragen, zum Beispiel durch Medien, liebevolle Medien. Du bist, wie ich schon beim Buchdiktat gesagt habe, ein Vorreiter. Du wirst dafür sorgen, dass die neuen Visionäre die Führungsrollen in den Institutionen eurer Welt übernehmen. Du wirst das natürlich in aller Zurückhaltung tun und immer wissen, was in jedem Augenblick angemessen ist. Ich werde dich persönlich dabei anleiten, so wie andere Lichtwesen die Übrigen in deiner dreidimensionalen Welt anleiten. Zusammen werden wir eine unaufhaltsame Bewegung von ebenso radikalen wie liebevollen Kräften sein – bewusstseinsverändernd und damit Systeme ändernd.

So, das war eine sehr umfassende Antwort, aber ich möchte dich einfach auf die wunderbare Arbeit einstimmen, die uns bevorsteht. Gut, dass du dir eine gesündere Lebensweise angewöhnst. Du musst für diese neue »Karriere« auf dem Höhepunkt deiner Energie sein.

Mikrowellen

Carol Joy fragt: »Kann Seth etwas über Mikrowellen sagen, diese Sendemasten, die jetzt überall aufgebaut werden, damit die Leute mit ihren Handys telefonieren können? Üben diese Wellen Wirkungen auf Menschen aus, die in der Nähe solcher Masten wohnen oder arbeiten oder auch nur mit dem Auto durch die elektromagnetischen Felder fahren? Und die Handys selbst, schaden sie dem Gehirn des Benutzers?«

Ja, solche Strahlen können schaden, wenn man sich direkt in der Strahlungsrichtung und nah an der Strahlungsquelle aufhält. Der Schaden ist natürlich umso geringer, je größer die Entfernung zur Strahlenquelle ist, aber Wirkungen auf den menschlichen Organismus sind immer gegeben, ja. Sagen wir einfach, ohne zu sehr ins Detail zu gehen, dass diese Energien organisches Gewebe »verbrennen«. Wenn man mit dem Auto durch diese stetige »Strahlendusche« fährt, genießt man einigen Schutz vor den Auswirkungen auf den Körper. Wer zu Fuß unterwegs ist, hat diesen Schutz natürlich nicht, aber die Wirkung der Strahlen ist in den meisten Fällen doch eher diffus. Der schädigende Effekt verteilt sich auf den ganzen Körper, und man spürt die minimalen Verbrennungen nicht. Die Wirkung ist der von nuklearem Fallout ähnlich, aber viel geringer. Radioaktivität ist wesentlich schädlicher, und eure Welt dreht sich, wie ich in unserem ersten Buch gesagt habe, buchstäblich in einer radioaktiven Wolke, die für viele eurer Krankheiten verantwortlich ist. Aber auch Mikrowellen können auf Dauer Mutationen in eurem Körper auslösen, wie es radioaktive Strahlung tut.

Die Frage, wie sich die tatsächliche Benutzung des Handys auswirkt, lässt sich ähnlich beantworten. Die Menschen sind unterschiedlich resistent gegen die Strahlen, weshalb nicht bei allen die gleichen Schäden entstehen. Kinder sind am stärksten gefährdet, gesunde Erwachsene am wenigsten, aber es entstehen *immer* leichte Schäden, wenn das Handy direkt am Kopf verwendet wird.

Mormonen

J.F. fragt: »Bei den Mormonen heißt es, Joseph Smith habe goldene Tafeln aufgefunden und direkt mit Gott kommuniziert, der ihm gesagt habe, die Mormonen seien Gottes auserwähltes Volk. Trifft das zu?«

»Wenn du es mit einem Freund nicht verderben willst, dann sprichst du am besten nicht über Religion oder Politik mit ihm« – so oder so ähnlich sagen sie doch bei euch, nicht wahr? Ich will mich also bei der Beantwortung dieser Frage mal ganz vorsichtig ausdrücken.

Euer Joseph Smith hat da ohne Zweifel eine Art Offenbarung erlebt – eine tief persönliche und durchschlagende Begegnung mit der spirituelle Seite des Menschseins. Solche Begegnungen sind häufig von erhabenen Visionen und erhebenden religiösen Gefühlen begleitet – auch von dem Gefühl, ein »Auserwählter« zu sein, der den Auftrag hat, anderen von dieser Offenbarung zu berichten und ihnen bei der Suche nach einem höheren Bewusstsein als Anführer zu dienen.

Und so hat Joseph Smith tatsächlich – wie viele vor und nach ihm – tiefe Einblicke in die Natur seiner Wirklichkeit und seiner Seele gewonnen. Seine Auslegung war von seiner Geistesverfassung und seinen Überzeugungen geprägt, weshalb die Offenbarung nun die Züge seiner Persönlichkeit trägt. Wenn heute jemand die gleiche Offenbarung hätte, wäre seine Auslegung auch wieder von seiner Geistesverfassung und seinen Überzeugungen geprägt, und er würde vielleicht zu etwas ganz anderem als goldenen Tafeln und einem auserwählten Volk gelangen. Kurzum, Offenbarungen und ihre Deutungen hängen sehr vom jeweiligen Zeitgeist und der persönlichen Eigenart ab.

Lass mich hinzufügen, dass *jeder* Mensch Offenbarungen empfangen kann. *Jeder* Mensch kann Verbindung zu seinem Seelen-Ich aufnehmen. Darauf will dieses Buch ja hinaus, und darauf zielen unsere Experimente. Meine Worte sind nicht als kritische Würdigung der von Joseph Smith begründeten religiösen Bewegung gemeint. Mir ist aber wichtig zu betonen, dass der *Inhalt* seiner Offenbarung jedem Menschen zugänglich ist, wenn die Umstände richtig sind und er spirituellen Dingen gegenüber aufgeschlossen ist.

[Mir brannten die Ohren, während ich dieses Diktat aufnahm. Ich sah den Zusammenhang unserer Arbeit mit der von Joseph Smith und schließlich den in diesem Buch geschilderten Visionen meines Vorfahren. Meine Verbindung zu diesen überlebensgroßen Gestalten, einschließlich Seth, inspiriert mich.]

Globaler Wandel

M.C. erkundigt sich: »Haben Erdbeben, vermehrte vulkanische Aktivität, und ungewöhnliche Wetterphänomene etwas mit den Themen zu tun, die du in deinen neuen Büchern ansprichst?

Ja, darüber haben wir schon im ersten Buch gesprochen, aber ich will die Frage noch einmal unter einem speziellen Gesichtspunkt beantworten. Das Wetter in irgendeiner Region eurer Welt wird von den Gedanken, Vorstellungen und Gefühlen im kollektiven Bewusstsein dieser Gegend bestimmt. Und Wettermacher in diesem Sinn ist buchstäblich alles – Steine, Bäume, Mikroben, Menschen. Alles besitzt Bewusstsein, und das örtliche Massenbewusstsein schlägt sich im regionalen Wetter nieder.

In einer privaten Sitzung, du erinnerst dich, habe ich von der geradezu poetischen Symbolik ausgesprochen ungewöhnlicher Wetterverhältnisse in einem Teil der Vereinigten Staaten gesprochen, der für seine menschenverachtenden politischen und religiösen Anschauungen bekannt ist. Diese Wetterphänomene demonstrieren überdeutlich, wie eure negativen Gedanken sich zu wirbelnden Wolken ballen und solche Unwetter auslösen. Ich hoffe, diese kurze Erläuterung genügt unserem Leser.

Hologramme

Seth, kannst du noch etwas über diese kleinen »Hologramme« sagen, die du mir in letzter Zeit geschickt hast?

Ja, diese kurzen holografischen Einblendungen sollen immer etwas verdeutlichen, worüber wir gerade sprechen. Sie sind kurz, damit sie deine Aufmerksamkeit nicht ganz an sich reißen; das würde sicher passieren, wenn sie länger als einen Sekundenbruchteil anhielten. Sie haben immer etwas Wohltuendes, sodass sie dir auffallen und sich einprägen. In unserem ersten Buch habe ich gesagt, dass diese holografischen Einblendungen den Eindruck erzeugen sollen, als geschähe das, was der Bildausdruck sagt, gerade auf der Ebene des Massenbewusstseins – was in Wirklichkeit nicht der Fall sein muss. Ich verwende dieses Mittel nur, um dir etwas zu illustrieren, was ich gerade erkläre oder diktiere. Viele von uns in den höheren Dimensionen bedienen sich dieses Mittels, wenn sie irgendetwas besonders hervorheben möchten oder die jeweilige menschliche Entsprechung von sich aus um Inspiration zum angesprochenen Thema bittet. Natürlich feuern wir nicht einfach Hologramme ab, um den Empfängern unserer Botschaft etwas »einzurichtern«. Solche Hologramme sind immer Gebilde der Liebe und nie etwas Aufgezwungenes, Mark. Man spürt ohne Weiteres ihre Beziehung zu dieser ekstatischen Grundströmung, von der ich häufig spreche.

Wirklichkeitsfelder

Seth, du sprichst von Wirklichkeitsfeldern, von Bereichen, die wir als zur Wirklichkeit gehörend bejahen oder als nicht zur Wirklichkeit gehörend verneinen. In welchem Zusammenhang steht das zu dem »magischen Ansatz«, über den du in einem deiner früheren Bücher geschrieben hast?

Ja, Mark, du erkennst mehr und mehr, wie alle meine Aussagen zu einem nahtlosen Ganzen gefügt sind. Letztlich ist alles eins, samt dem menschlichen Bewusstsein und all den verschiedenen Stufen und Stadien, von denen wir hier sprechen.

Aus ganz praktischen Gründen – für den praktizierenden Magier [schmunzelnd] – gewöhnt man sich an, das Unmögliche als möglich zu nehmen, als ein akzeptiertes Wirklichkeitsfeld. Das geschieht wieder über Bewusstseinseinheiten und mittels deiner Intention. Intention besagt einfach, dass du bewusster Mit-Schöpfer von Allem-Was-Ist bist. Dann hat deine Intention nämlich die volle Schöpferkraft der gesamten Natur hinter sich. Die großen selbstlosen Schöpfer der Menschheit wissen das. Sie wissen um den göttlichen Willen.

Kannst du mir als Beispiel ein von mir verneintes Wirklich-
keitsfeld nennen, damit ich es dann vielleicht in ein bejahtes
Wirklichkeitsfeld verwandeln kann?

Ganz einfach: Wovor fürchtest du dich? Du verfügst jetzt und
eigentlich schon seit Jahren über die Mittel, mit denen du dir
die Wirklichkeit schaffen kannst, von der du träumst. Also
was fürchtest du? Aber ich sollte hier etwas zugespitzter fragen: »Was wünschst du dir sehr und fürchtest es zugleich?«
Da liegen nämlich deine Antworten, in solchen Wider-
sprüchen.

Also, wenn ich mal so frei sein darf und du mir auf telepathischem Wege dein Einverständnis gibst … Du *redest*
zwar viel von deinen Wünschen – ein Haus und Land und
mehr Geld. Aber wenn du dir mal ansiehst, was du tatsächlich glaubst und wie du folglich handelst, wird dir nicht
verborgen bleiben, dass du die Erfüllung deiner Wünsche
ständig selbst hintertreibst. Du traust dich nicht, dem Universum deine Wünsche ganz direkt mitzuteilen, und außerdem sind im Hintergrund Ängste am Werk. Im Grunde sagst
du: »Ich möchte ein Haus auf einem schönen großen Grund-
stück«, während du zugleich denkst: »Es steht mir nicht zu,
und ich müsste mich viel zu sehr dafür anstrengen« – und so
weiter und so weiter.

Kannst du verstehen, dass diese Haltung der Selbstherab-
setzung stärker ist, als alle deine Beteuerungen, dass du gern
Haus und Grund besitzen würdest? Uneinigkeit mit dir
selbst, Mark. Es ist also jetzt deine Aufgabe, und für viele unserer Leser wird es wohl ähnlich sein, deine Aussagen über
dich selbst mit positiver, zur Verwirklichung drängender
Energie aufzuladen und dann *aktiv an der Manifestation*
mitzuwirken. Ängstliche Zurückhaltung passt nicht zu einem

Magier, Mark. Hol dir deine Macht zurück – von Arbeitgebern, von der Regierung, von der Kirche, von deinen Freunden und Angehörigen –, und setzt sie ein, um dein Haus und dein Land zu verwirklichen.

Wenn du deine Macht zurückerobert hast, wenn du zu spüren beginnst, dass du von Natur aus gut bist, wenn dein Leben sich zunehmend aus Liebe und Selbstvertrauen entwickelt, wird das, was du jetzt noch fürchtest, ein bejahtes Wirklichkeitsfeld für dich. Du *fürchtest* Wohlstand. Du denkst, dass die Reichen irgendwie von ihrem Geld verdorben werden. Du fürchtest, du könntest ebenfalls vom Geld verdorben werden, und so verschaffst du dir gerade das Notwendigste, gerade so viel, dass du arm bleiben kannst und dich deinen Glaubenssätzen zum Thema »Wohlstand« nicht stellen musst. Das reicht vorerst. Ich hoffe, du verzeihst mir meine Direktheit.

Aber natürlich, du kennst mich doch. Außerdem wollte ich es ja so.

Die ätherische Schau

Sag noch etwas zur ätherischen Schau – wie man damit experimentiert, wie man sie überhaupt entwickelt.

Gern. »Ätherische Schau« meint, dass dein körperliches Sehvermögen zur Wahrnehmung der vierten Dimension eingesetzt wird. Ich sage das zur Unterscheidung von den inneren Sinnen, die eine eher emotionale Erfahrung vermitteln. Ätherische Schau hat etwas von den Hologrammen, die ich dir schicke. In der vierten Dimension besteht eine Vorliebe für Pastelltöne und traumartige Landschaften. Viele eurer New-Age-Künstler haben die Essenz der ätherischen Schau sehr schön erfasst und umgesetzt. Wenn du diese Fähigkeit für möglich halten kannst und dich darauf ausrichtest zu lernen, wie man die Welt aus diesem Blickwinkel betrachten kann, werden aus flüchtigen Eindrücken allmählich längere Wahrnehmungssequenzen, bis du dein ätherisches Sehvermögen irgendwann so mühelos ein- und ausschalten kannst, wie du jetzt die Augen öffnest oder schließt, um das, was körperliche Augen sehen können, zu erfassen oder auszuschließen.

Gute und ungute Energie

Wie kann ich unterschieden, ob Mitteilungen, die ich erhalte, von wohlwollenden oder übel wollenden Energien ausgehen?

Sehr schöne Frage, Mark. Ich bin sicher, dass unsere Leser das auch gern wissen möchten. Wir haben den Schutzritualen in diesem Buch breiten Raum gewidmet und sie als wichtige Vorbereitung für alle Exkursionen in andere Dimensionen bezeichnet. Erarbeite dir also deine eigenen Techniken und vergiss nie, sie vor jeder Kontaktaufnahme anzuwenden. Außerdem, und das hebst du im Text bitte hervor, *werden negative Energien geradezu magisch von Ängsten und Befürchtungen angezogen*. Negative Wesen ernähren sich von euren negativen Regungen. Wenn du dich also zum Beispiel mit weißem Licht umgibst oder andere rituelle Vorkehrungen triffst, solltest du außerdem unbedingt deine Emotionen aufräumen, das heißt Angst und Ärger durch Liebe und Zuversicht ersetzen und so weiter. Wenn sich bei der

Meditation oder sogar im normalen Tagesablauf negative Energien bemerkbar machen, gilt das Gleiche: Wenn du ängstlich, voller Sorgen oder ärgerlich bist, stehst du unter dem Einfluss negativer Energien und kümmerst dich am besten sofort um deinen emotionalen Körper.

Atlantis-Hologramm

Kannst du etwas zum Atlantis-Hologramm sagen?

Was du gesehen hast, Mark, war einerseits ein Symbol, ist aber andererseits auch durchaus wörtlich zu nehmen: Menschen, die zu einem Netzwerk verbunden sind und so Energie erzeugen. Das kannst du auch als Symbol für die Macht sehen, die Menschen haben können, wenn sie sich für ein gemeinsames Anliegen zusammentun. Deine Deutung entspricht deinem Bewusstsein, aber sie passt durchaus auch auf die Kultur von Atlantis. Auch unser zweites Buch steht irgendwie in diesem Zusammenhang: Du wirst ja ein Netzwerk von Menschen aufbauen, die zusammen Macht generieren wollen – Macht im politischen, gesellschaftlichen und wirtschaftlichen Sinne. Diese Gruppe wird auch alles für den neuerlichen Aufbau des in unserem ersten Buch erwähnten atlantischen Energienetzwerks in die Wege leiten.

Maitreya

Ist Benjamin Cremes Maitreya der Weltlehrer, von dem du schon früher gesprochen hast, der Lehrer, der uns die Christus-Lehren bringt?

Der Christus arbeitet mit *vielen* Meistern in eurer heutigen Welt zusammen, Mark. Ich möchte keinen Einzelnen hervorheben. Ich würde es für eine ziemlich ethnozentrische und egozentrische Behauptung halten, dass von einem einzigen Meister die neuen Schwingungen und alle Veränderungen ausgehen sollen, die euch Menschen in die vierte Dimension einführen werden. Es gibt viele Meister und alle tragen etwas dazu bei. Wahrscheinlich wird die Botschaft eher verzerrt, wenn man sich auf einen einzigen festlegt. Seht euch bei möglichst vielen Meistern an, was sie an spiritueller Anleitung bieten.

Ich bin wie gesagt Botschafter von Allem-Was-Ist im Dienst der Menschheit, und zwar auf die Menschheit im Westen spezialisiert. Andere, die im Dienst eurer Erde stehen, sind für die östliche Menschheit zuständig und so weiter. Du, Mark, interessierst dich besonders für die Lehren der Schamanen und für die Meister der okkulten Künste. Dieser Weg dient dir am besten, und dieser fruchtbare Boden ist dein spiritueller Ausgangspunkt, von dem aus du meine Lehren und andere weitergeben und schließlich zu deiner eigenen Synthese kommen wirst.

Der Atlantis-Mythos

Möchtest du für unser zweites Buch noch etwas über Atlantis sagen?

Der »Mythos« von Atlantis hat in deiner Dimension eine lange und vielfältige Geschichte. Es ist eine ziemlich romantische Geschichte geworden, weil eure Hollywoodfilme sie für den Massenkonsum mit den typischen Hollywood-Versatzstücken aufbereitet haben – Liebesgeschichten, Kampf des Guten gegen das Böse, die »Gefahren« der Hochtechnologie und so weiter. Eure Geschichten und Filme erzählen den Atlantis-Mythos nach dem gleichen Muster wie bei jeder anderen »historischen« Epoche, ob sie als biblisch, als mittelalterlich oder als prähistorisch verkauft wird. Kurz, die wahre Geschichte von Atlantis kennt ihr noch nicht. Besonders pikant ist daran, dass diese Geschichte zum spirituellen Erbe der Menschheit gehört und noch immer unter Schichten von religiösen Dogmen, falschem Denken und Ängsten begraben liegt. Aber ihr geht jetzt als Menschheit dem Licht entgegen, und dabei werdet ihr auch zum Verständnis dieser »versunkenen« Kulturen gelangen. Du kannst dich schon darauf freuen, Mark, dass die Verbindungen zwischen dem Seelen-Ich und Atlantis sehr bald erkennbar und auch erkannt werden.

Rosenkreuzer

Seth, M.C. möchte gern deine Meinung zu einem Ausspruch der Rosenkreuzer wissen. Er lautet: »Du kannst auf zwei Weisen unsterblich werden, indem du Kinder zeugst und indem du Erleuchtung suchst und findest.«

Ja, Mark, ich will es versuchen. Im Grunde seid ihr natürlich alle – die Menschheit, meine ich – ohnehin unsterblich. Ihr besteht aus »Gott-Stoff«, aus einer grenzenlosen, ewigen und bewussten »Materie«. Wenn du nach dem Tod deines Körpers den Übergang in deine Heimatdimension vollziehst, geht auch jede Zelle in diese Verwandlung ein, und alle Erfahrungen, die Mark in seinem Leben gemacht hat, bleiben erhalten. So bist du als Mark unsterblich, so bist du aber auch als deine anderen Ich-Anteile in allen deinen simultanen Leben unsterblich. Alles ist unsterblich, sogar in eurer Dreidimensionalität; es sieht nur so aus, als würde der Stoff – auch der, aus dem du gemacht bist – altern und sterben.

Die Erleuchteten, wie ihr sie nennt, sind über diese Dinge lediglich besser informiert. Sie *wissen*, dass sie unsterblich sind. Vielleicht haben sie einen zeitlosen Augenblick erlebt, einen Augenblick, in dem sie göttliches Wissen empfingen, das ihnen diese Mysterien erschloss. Jeder kann Kinder haben, aber macht das irgendwem bewusst, dass er unsterblich ist? Ich denke, das hängt eher vom Entwicklungsstand der Seele ab.

Religion und die Unterdrückung der Frau

M.C. wüsste gern Näheres über das mit den großen Religionen verknüpfte patriarchalische Prinzip und die Unterwerfung der Frauen.

Ja, diese Einschätzung ist historisch gesehen ganz richtig. Eure sozialen Strukturen haben dem weiblichen Geschlecht schon immer und in den meisten Kulturen der Welt eine Randstellung zugewiesen.

Doch das ist eine *Wahrnehmung*. Äußerlich sieht es so aus, als hätten die Wortführer eurer Religionen den Frauen großen Schaden zugefügt. Aber wenn du überhaupt etwas mitbekommen hast von all dem, was ich im Laufe der Jahre gesagt habe, wirst du wissen, dass Frauen *und* Männer ihre Lernerfahrungen auf der Erde machen, um den Erfahrungsschatz von Allem-Was-Ist zu vergrößern. Und da gibt es Lernerfahrungen, die als positiv oder negativ oder irgendetwas dazwischen erlebt werden.

Alle Ausflüge in das verkörperte Dasein sind zyklischer Natur. In dem, was ihr als eure Vergangenheit versteht, erkennt ihr einen Zyklus männlicher Dominanz. Aber die andere, komplementäre Seite des Zyklus, nämlich weibliche Dominanz, gibt es ebenfalls, nur dass diese matriarchalische Seite sich überwiegend als *wahrscheinliche* Realität manifestiert. Solange ihr nur auf das Gewoge eurer Konsensrealität starrt, entgehen euch die Wahrscheinlichkeiten, die Wahrscheinlichkeiten blieben. Benutzt eure inneren Sinne, und ihr werdet all das sehen können, was nicht äußerlich sichtbare Realität wurde.

Alles-Was-Ist, der schöpferische Ursprung von allem in eurer und jeder Wirklichkeit, erfährt zum Zweck seiner eigenen Werterfüllung jede überhaupt mögliche Konstellation menschlicher Erfahrung. Dazu gehören natürlich *alle* wahrscheinlichen Wirklichkeiten, und zwar unabhängig davon, ob sie von einem oder vielen oder allen Menschen als persönliche oder Konsens-Realität oder überhaupt nicht als Realität erfahren wird. Die wahrscheinlichen Wirklichkeiten, von denen ich spreche, sind keinen Deut weniger real als das, was ihr als eure persönliche Wirklichkeit und als »harte Fakten« anerkennt.

Wenn ihr eure Welt als von männlichen Autoritätsfiguren bestimmt wahrnehmt, kann ich verstehen, dass mancher das unfair findet. Aber macht euch bitte klar, dass *ihr* als Menschheit diese Konstellation *gewählt* habt, um darin eure Lernerfahrungen zu machen. Und jeder möge in seinem eigenen persönlichen Wirklichkeitsfeld ein wenig hinter die Kulissen schauen und nachsehen, was er selbst vielleicht zum Stand der Dinge beigetragen hat – *und aus welchen persönlichen Gründen*. Das ist der fruchtbare Boden, den ihr neu ansäen könnt, damit zeitgemäße, erfreulichere Realitäten heranwachsen. Und auch hier gilt: Wenn sich viele daran beteiligen, könnt ihr im Kleinen wie im Großen erreichen, dass das Weibliche in euren gesellschaftlichen, religiösen und politischen Strukturen ganz anders zur Geltung kommt. Verstehst du, Mark?

O ja. Und andere verstehen sicher auch. Es wird dazu bestimmt in Zukunft noch weitere Fragen geben, aber das hier ist ein guter Anfang.

Neugeborene

Carol Joy fragt: »Was geschieht auf der Seelen-Ebene, wenn ein Kind zur Welt kommt?«

Eine sehr schöne Frage deiner Lebensgefährtin, muss ich wirklich sagen. Die Zeit nach der Geburt ist eine äußerst kreative Lebensphase, was die Entwicklung des Menschen angeht. Man kommt gerade aus seiner Heimatdimension und hat noch Erinnerungen daran. Das Neugeborene erinnert sich vielleicht auch noch sehr klar an seine »vorige« Inkarnation und durchlebt manches noch einmal, während es äußerlich das typische Verhalten eines Neugeborenen zeigt. Nun sehen Eltern ihre Aufgabe leider darin, ihr Kind auf das Leben in der physischen Realität eurer Welt vorzubereiten. So beginnen sie denn gleich mit dem Werk der Erziehung. Das Kind wird auf die Eingliederung in die Gesellschaft hin erzogen, und mit der Zeit vergisst es bei diesem anspruchsvollen Training alles, was es über andere Leben und die Zeit zwischen den Leben noch wusste. Selten bleiben diese kostbaren Erinnerungen einem Menschen erhalten, während er heranwächst.

Der göttliche Anfang, den ihr alle nehmt, dauert gerade einmal ein paar Monate. Mit Argusaugen wird das Kind beobachtet, damit es sich nur ja »normal« entwickelt. Und wenn es beim Spiel mit imaginären Spielkameraden erwischt wird, regt sich selbst bei modernen Eltern die Sorge, das Kind könne womöglich sein Leben lang an solche »eingebildeten« Gestalten glauben. Sie sind den Eltern unangenehm und gehören möglichst schnell verbannt. Dem Kind wird zugeredet, sich von solchen »unreifen« Beziehungen zu lösen, und die meisten tun es. Aber bei den Naturvölkern und in einigen alternativen Lebensgemeinschaften wird genau das Gegenteil angestrebt: Die Kinder sollen möglichst lange in ihrer »Göttlichkeit« bleiben können. Und damit ist schon alles vorbereitet für die Entwicklung des göttlichen Kindes, des magischen Kindes, das als Erwachsener völlig selbstverständlich in beiden Welten zu Hause sein wird, in der subtilen ebenso wie in der physischen.

Kornkreise

Seth, in einer unserer Sitzungen hast du Kornkreise als elektromagnetische Phänomene bezeichnet. Kannst du unseren Leser erklären, wie das zu verstehen ist?

Ja, ich kann das noch weiter ausführen. Was ihr Elektromagnetismus nennt, ist eine bewusste Wesenheit. Wie schon mehrfach gesagt, *alles* in eurer erschaffenen Wirklichkeit ist bewusst. Alles setzt sich aus Elementen zusammen, die bewusst und selbstbewusst sind. Mir ist klar, dass so etwas für manche meiner Leser schwer zu verstehen und schwer zu akzeptieren ist, aber es trifft trotzdem zu. Selbstbewusst, empfindungsfähig, wahrnehmungsfähig … jede Bewusstseinseinheit ist so zu beschreiben. Kornkreise werden einfach von, sagen wir, »Verbänden« höchst kreativer Bewusstseinseinheiten in eurer dreidimensionalen Realität erzeugt. Das erklärt auch ihre große Schönheit und Harmonie, findest du nicht? In gewissem Sinne ist eure Mutter Natur die Künstlerin, Schöpferin dieser erstaunlichen Kunstwerke.

Aber auch ihr seid als Schöpfer eurer Welt an der Entstehung der Kornkreise beteiligt, wenn auch nicht bewusst. Das erklärt, weshalb manche sagen, sie hätten beim Anblick von Kornkreisen das Gefühl, etwas »wiederzuerkennen«, wie eine ferne Erinnerung. Diese Kunstwerke sind also Produkte des Bewusstseins und sie selbst sind im buchstäblichen Sinne bewusst. Das mag hier genügen. Bringt für die Erforschung solcher Phänomene eure inneren Sinne ins Spiel. Hier wartet ein ganzes Universum neuer Einsichten auf euch.

Tsunami

Seth, könntest du etwas über den Tsunami sagen, der so viele Menschen das Leben gekostet hat?

Ja, gern. Der tatsächliche Zusammenhang sieht, wie du weißt, so aus: Auf der Seelen-Ebene war allen »Opfern« dieses Naturereignisses bekannt, dass sie sterben würden. Die Seele inkarniert sich, um Erfahrungen wie diese zu machen, aber das Ego steht oft ratlos da und fragt sich: »Warum mussten so viele Unschuldige sterben?« oder »War das vielleicht eine Strafe?« Eine Strafe war es ganz gewiss nicht. Tausende haben die Verkörperung für das Ätherische aufgegeben. Sie befinden sich jetzt in ihrer Heimatdimension. Sie nehmen dort alte Freundschaften wieder auf und lassen diesen Besuch auf der Erde noch einmal an sich vorbeiziehen.

Natürlich ist diese Flutkatastrophe auch ein Anzeichen des globalen Wandels. Mutter Erde zuckt die Schultern über die lieblose Behandlung, die ihr von euch zuteilwird. Und ist dir aufgefallen, wie wenig von Amerikas mitfühlender Hilfsbereitschaft hier bei den politisch Verantwortlichen eures Landes zu erkennen ist? Jetzt weiß zumindest die Welt Bescheid. Die Symptome der weltweiten Veränderungen werden noch zunehmen, einfach weil euer massenhaftes irregeleitetes Ego-Denken eine Energie ist, die sich zu klimatischen und anderen Veränderungen ballt. Negativität in Aktion – so lässt sich das auf den einfachsten Nenner bringen. Es ist also ganz wichtig, dass ihr in eurem Denken aufzuräumen beginnt. Und dann kommt es auch noch ausgerechnet an eurem heiligsten Festtag im Westen zu so einer »Katastrophe«! Da wird auf der Seelen-Ebene deutlich, wie weit ihr von den »christlichen« Idealen entfernt seid, die ihr zu Weihnachten so überzeugt und mit so viel Appetit feiert.

Delfine und Wale

Seth, ich denke, ein paar Worte über Delfine und Wale könnten dem Buch nicht schaden. Warum haben so viele New-Age-Leute diese Meeressäuger so ins Herz geschlossen?

Alle Kreaturen Gottes, wie ihr sie nennt, behandeln eure Erde besser, als ihr Menschen es tut. Das wird zwar heute von vielen so gesagt, aber ich will es trotzdem wiederholen. Wo hätten Wale, Delfine oder andere Tiere je Kriege geführt, die ganze Städte und Länder verwüsteten? Eine rhetorische Frage. Nur Menschen tun so etwas. Alle übrigen Arten leben munter ihr Leben, wie die Natur es ihnen eingibt.

Wale und Delfine sind darüber hinaus besonders weise Lebewesen. Sie sind in vieldimensionale Wirklichkeiten eingebunden und erfreuen sich nicht nur bei New-Age-Leuten, sondern bei menschenähnlichen Bewohnern anderer Sonnensysteme großer Beliebtheit. Diese Meerestiere sind eigentlich eure Lehrer, aber bisher habt ihr sie vor allem gejagt oder »versehentlich« bei der Netzfischerei umgebracht. Produkte. So ist es doch bei euch, Mark: Alles ist Produkt. Das Produktdenken macht vor nichts halt, auch nicht vor diesen Wesen, die so viel älter sind als ihr und dadurch viel mehr Weisheit angesammelt haben. Menschliche Liebe zu diesen Tieren ist sicherlich auch etwas sehr Altes.

Wie ich neuerdings immer wieder betone, ist jeder Augenblick deiner selbst erschaffenen und dann wahrgenommenen Wirklichkeit eine Parallele zu ähnlichen Dingen in deinen früheren, gegenwärtigen oder künftigen simultanen Leben. Du liebst Delfine. Du liebst die Wale. Erinnere dich, wann es schon einmal so war, hier auf der Erde oder anderswo. Den Delfin- und Walfreunden unter unseren Lesern kann ich dazu ebenfalls nur raten. So vieles gibt es da zu entdecken.